# HISTOIRE ABRÉGÉE

DU

# CABINET DES MÉDAILLES.

*Cet ouvrage se trouve chez les libraires suivans :*

AMSTERDAM, veuve CHANGUYON et d'HENGST.
BERLIN, METTRA.
BRESLAW, G. T. KORN.
COPENHAGUE, FUMARS.
FRANCFORT-SUR-LE-MEIN, WARENTRAPPE et WENNER.
HAMBOURG, H. VILLAUME.
LEYDE, MURRAY, frères.
LONDRES, J. DEBOFFE Gerard street.
MADRID, DON DOMINGO ALONSO.
PERPIGNAN, ALZINE.
ST. PETERSBOURG, J. J. WEITBRECHT.
STOCKHOLM, G. SYLVERSTOLPE.
STRASBOURG, LEVRAULT.
VIENNE, DEGEN.
WARSOVIE, FIETTA.

# HISTOIRE ABRÉGÉE
## DU
## CABINET DES MÉDAILLES
## ET ANTIQUES
## DE LA BIBLIOTHÈQUE NATIONALE,
## *OU*
## ÉTAT SUCCINCT

Des acquisitions et augmentations qui ont eu lieu, à dater de l'année 1754 jusqu'à la fin du siècle ( an 8 de la République Française ).

PAR A. L. COINTREAU,

*Ancien premier employé audit Cabinet durant vingt-sept ans consécutifs, sous les C.ens Barthelemy oncle et neveu, conservateurs.*

Ament meminisse periti.



*PARIS,*

L'AUTEUR, rue de la Bucherie, n.° 28.

CHARLES POUGENS, imprimeur-libraire, quai Voltaire, n°. 10.

Et BOUQUET, Libraire, rue de Thionville, au bon Sterne, n.° 1758.

AN IX. — 1800.

# PRÉFACE.

LE C.en Barthelemy, l'un des conservateurs du Cabinet des médailles et antiques, mort le 9 brumaire an 8 (31 octobre 1799), ayant été détenu en 1793, depuis le 2 septembre jusqu'au 28 décembre suivant, je crus nécessaire de faire un état sommaire des travaux de M. son oncle et des siens, tant pour pouvoir répondre aux renseignemens que l'autorité nous demanderoit, que pour nous mettre en mesure contre les impressions mensongères des mal-intentionnés. A sa sortie de prison, je lui exposai dans quels motifs j'avois entrepris ce relevé, il y applaudit, me pria de le garder, et me fournit par la suite tous les renseignemens dont j'avois besoin pour le continuer.

C'est ce même état que je donne au Public aujourd'hui ; il le mettra à portée de juger de la richesse de ce Cabinet avant la révolution : et que, si l'entrée de tous les objets dont elle l'a rendu dépositaire avoit pu l'embellir, il n'en formoit pas moins, à cette époque, la plus riche collection qu'il y eût en Europe.

J'ai cru pouvoir y ajouter l'analyse d'un ouvrage que je me propose de publier un jour. Les Médailles et les Antiques sont susceptibles de bien des points de vue différens : c'est une galerie de tableaux où chacun est à portée de voir à sa manière ce que les peuples qui nous ont précédés ont écrit ou pensé dans l'art qu'il professe ; et l'Astronome, le Géographe, le Navigateur, le Mythologue, l'Artiste, l'Historien, le Philosophe, le Naturaliste, le Médecin, le Militaire, le Mécanicien, tous les états enfin y trouvent de quoi se satisfaire.

Le cadre que j'ai choisi est bien loin d'être neuf. Le savant archevêque de Tarragone (don Antonio Agostini) en adopta jadis un à-peu-près semblable ; mais les nombreuses découvertes que l'on a faites depuis, justifieront sans doute mon entreprise aux yeux des lecteurs et des savans qui daigneront le parcourir.

# HISTOIRE ABRÉGÉE
## DU
# CABINET DES MÉDAILLES
## ET ANTIQUES

*Attenant à la Bibliothèque nationale de la rue de la Loi.*

LORSQUE Louis XIV eut résolu de former un Cabinet de médailles, Colbert n'oublia rien pour satisfaire un goût si avantageux aux lettres et aux arts : il fit réunir différentes collections à la suite des médailles en or que Gaston d'Orléans avoit formée pendant sa retraite à Blois ; et des particuliers, par un sacrifice dont les curieux peuvent seuls bien connoître toute l'étendue, consacrèrent volontairement dans ce dépôt ce qu'ils avoient de plus précieux en ce genre. Mais comme ces moyens ne suffisoient pas, on eut recours à des voies plus promptes et plus efficaces. Vaillant reçut ordre d'aller chercher dans les pays étrangers, des médailles pour enrichir ce nouveau Cabinet : il parcourut plusieurs fois la Grèce et l'Asie, fit un voyage en Angleterre, et quinze en Italie; il s'y perfectionna dans la connoissance de l'antique, et de là résultèrent deux avantages considérables. Les lumières qu'il avoit acquises dans ses voyages, procurèrent à la France la gloire d'avoir produit le plus habile des antiquaires; et les médailles qu'il avoit apportées, rendirent ce Cabinet supérieur à tous ceux que l'on connoissoit alors.

Quoiqu'il jouît, au commencement du siècle, d'une réputation si justement acquise, que MM. de Carcavi, Rainsant, Morel, Oudinet et Simon eussent successivement coopéré à sa célébrité; quoique M. de Boze, qui en fut garde pendant trente-cinq ans, eût, à l'exemple de l'abbé Bignon, fait entrer dans le Cabinet les suites de médailles qu'il avoit formées pour lui-même; que la riche collection des médaillons de bronze et des médailles de grand bronze, qui du cabinet de l'abbé de Rothelin avoient passé dans celui de M. de Beauvau, y eût été jointe pour le prix de vingt mille francs; et qu'environ quatre cents médaillons et deux mille médailles, insérés dans leurs suites respectives, les eussent augmentées du double ; que les antiques de MM. Mahudel et Foucault y eussent été rassemblées ; et quoique ce savant y eût déposé les dons précieux que lui faisoient de toutes parts d'illustres étrangers, et qu'il ne devoit qu'à l'estime personnelle dont il étoit environné, il étoit pourtant réservé au citoyen Barthelemy, adjoint de M. de Boze depuis sept ans, et qui lui succéda en 1754, de le faire parvenir, pendant les quarante ans qu'il en a été le chef, à un tel degré de splendeur, que, quelques insertions que l'on y pût faire désormais, elles ne fussent que de nouveaux témoins du bonheur qui l'avoit toujours accompagné dans ses études, dans ses relations et dans ses voyages.

On ne pouvoit se dissimuler, à l'époque que je viens de citer, que ce Cabinet contenoit à peine le tiers des médailles connues ; qu'il manquoit, dans chaque suite, des pièces uniques et rares, et par conséquent difficiles à acquérir en France. Il falloit donc envoyer en Italie un antiquaire capable d'y continuer les mêmes recherches que Vaillant y avoit faites autrefois. Il pouvoit, dans l'espace d'une année, voir les Cabinets nombreux qui étoient dans ce pays-là, y puiser de nouvelles lumières, soit en examinant avec soin les monumens antiques qu'on y découvroit à chaque pas, soit en conversant avec les personnes les plus versées dans ce genre d'étude ; y établir des correspondances dans les principales villes, et en revenir avec une moisson abondante. Il ne falloit point de fonds pour les acquisitions ; elles devoient naturellement se faire par voie d'échange, au moyen d'une assez grande quantité de médailles doubles qui étoient déjà au Cabinet. Tous les frais de voyage devoient se borner à la dépense modérée d'un homme-de-lettres, qui n'auroit eu en vue que la gloire de son pays et l'augmentation de ses richesses.

*Médailles apportées d'Italie.*

Ce projet se réalisa ; et le choix tomba sur le C.en Barthelemy, qui, en 1755, portant avec lui les plus beaux médaillons et les plus belles médailles qu'il put trouver parmi les doubles de M. de Beauvau, s'en servit pour en rapporter, en 1757, environ trois cents médailles, dont quelques-unes étoient uniques, et presque toutes remarquables par leur rareté.

*Médailles de Danemarck.*

Vers le même tems, le Cabinet s'enrichit d'une suite des médailles de Danemarck, qui y avoit été frappée en argent, à la réquisition du président Augier, envoyé extraordinaire de France auprès de cette cour.

*Portraits des Papes.*

Arriva également de Versailles en cette année,

1.° Une suite de toutes les médailles des papes, depuis Pierre I.er jusqu'à Clément XII. Chaque portrait, en semence de perles, saphirs, émeraudes, rubis, etc. appliqués sur un fond de cire, repose sur une ardoise ronde et de quatre centimètres, au revers de laquelle est une indication succincte des principales époques de la vie de chacun d'eux : le tout est enfermé dans une boîte couverte en velours rouge.

*Portraits des rois de France.*

2.° Une autre boîte presque semblable, dans laquelle sont les portraits sur caillou, de forme ovale, de tous les rois de France.

*Vase de Lowendal.*

3.° Un vase d'ivoire monté en vermeil, et enrichi de pierres précieuses : ce vase fait depuis cent ans, représente en bas-relief un combat entre les Turcs et les Polonois, que l'on dit se rapporter à la levée du siége de Vienne sous Jean Sobieski : il avoit appartenu à la famille de Lowendal, et fut légué à Louis XV par le maréchal de ce nom.

*Médailles de Cary.*

Arrivèrent au Cabinet, en 1758, et pour le prix de dix-huit mille francs, les médailles de M. de Cary, de l'académie de Marseille, et qui avoit formé avec autant de soin que de succès une collection comprenant environ trois mille trois cents pièces, dont quatre cent dix-huit en or, huit cents en argent, et le reste en bronze. Cette acquisition fut d'autant plus utile, que le cabinet de M. Cary renfermoit toutes sortes de suites, et que le C.en Barthelemy en tira pour le Cabinet national plus de cent vingt médailles impériales en or, et quantité de médailles grecques de villes et de rois; le reste fut destiné à des échanges.

### *Médailles de Clèves.*

En 1762, le Cabinet fit l'acquisition d'une partie de celui de M. de Clèves. Ce recueil consistoit en deux suites : la première, des médailles des empereurs romains, au nombre de plus de mille, en or, depuis Jules-César jusqu'à la prise de Constantinople ; la seconde, des monnoies d'or de France, depuis le commencement de la monarchie jusqu'à nos jours. M. du Hodent, qui avoit acheté la partie de ce Cabinet comprenant la suite des médailles antiques en or, céda au médaillier de la nation, tant par échange que moyennant la somme de quinze mille francs, quatre cent quatre-vingt-dix médailles, dont quelques-unes de villes et de rois grecs ; plus, quinze médailles en argent, aussi de villes et de rois, une roupie, et une médaille angloise ayant trait à l'expulsion des Stuarts, et à l'abolition du culte catholique en Angleterre.

### *Monnoies et poids orientaux.*

En 1771, M. Anquetil remit au Cabinet nombre de monnoies et de poids orientaux décrits dans le Zend-Avesta, tome premier, partie première, page 505 et suivantes ; il y joignit une indication de leur valeur argent de France.

*Découverte faite à Rennes.*

En 1774, les C.ens Barthelemy (1) reçurent du ministre de Paris, en présence de M. Bignon, bibliothécaire, des objets en or trouvés dans la bâtisse d'une maison appartenant au ci-devant chapitre de Rennes. Ces objets consistent,

1.° En une soucoupe d'environ vingt-cinq centimètres de diamètre. On y voit sur un double fond, également en or, et de quinze centimètres, un accord entre Bacchus et Hercule ; des faunes jouent de divers instrumens, des bacchantes versent à boire. Autour est une vendange embellie par des danses, des luttes, et toutes les cérémonies en usage chez les Grecs et les Romains dans ces sortes de fêtes. Enfin seize

(1) En septembre 1773, les C.ens Barthelemy, oncle et neveu, me choisirent pour commis écrivain du Cabinet ; et je fus inscrit sur l'état des employés de la bibliothèque au 1.er octobre de ladite année, par ordre du bibliothécaire, et sur la présentation des deux chefs ci-devant nommés.

médailles d'or appartenant toutes à la famille des Antonins, dont Septime Sévère, pour qui l'on croit qu'a été construit ce vase, prétendoit être issu, terminent, dans des cases séparées, ce qu'il pouvoit laisser à désirer pour son ornement et le plaisir qu'on éprouve à sa vue ;

2.° En quatre médailles de Posthume, enchâssées dans des cercles en filigrane, et garnies d'une belière pour les suspendre au cou ;

3.° En une chaîne d'or divisée en quatre parties, et qu'on croit avoir été destinée à suspendre les médailles ci-devant mentionnées ;

4.° En une agrafe propre à assujettir des rideaux ou autres draperies, et mieux encore à resserrer le nœud du manteau sur l'épaule ;

5.° En quatre-vingt-treize médailles impériales, dont une en or, de Crispine, femme de Commode, représentant un autel avec ces mots, DIS CONIVGALIBVS ; et une autre, au coin de Posthume, offrant un des travaux d'Hercule, avec la légende HERCVLI THRACIO : deux revers inconnus jusqu'alors.

## *Cabinet de Pellérin.*

En 1776, M. Pellerin, ancien premier commis de la marine, céda au Cabinet des médailles les suites nombreuses que pendant plus de soixante années il avoit colligées, et qui formoient un total de trente-deux mille quatre cent quatre-vingt-dix-neuf médailles.

Ces suites, au nombre de onze, étoient sur-tout remarquables,

1.° Par une suite de cinq mille neuf cent soixante-six médailles de peuples et de villes, en tous métaux;

2.° Par une autre de deux mille trois cent soixante-quinze de rois anciens, de même en tous métaux;

3.° Par une autre de trois mille cinq cent quatre-vingt-treize médailles d'argent impériales, non compris deux cent vingt-un médaillons d'argent, au coin des empereurs;

4.° Enfin, par une superbe suite de onze cent soixante-six médailles impériales en or.

Cette acquisition fut payée trois cent mille francs.

*Monnoies et médailles de Russie.*

Dans la même année, on reçut,

1.° Une suite de médailles et jetons russes, au nombre de quatre-vingt-dix-sept pièces en bronze;

2.° Une autre suite des médailles des czars, depuis Ruric jusqu'à Elisabeth, et composée de cinquante-huit pièces en bronze;

3.° Une collection de roubles, demi-roubles, copecks, et un mélange de médailles ou monnoies antiques et modernes de divers pays, au nombre de soixante-dix pièces, presque toutes en cuivre;

4.° Un calendrier de Kamtschatka, gravé sur de petites planches de bois;

5.° Un calendrier semblable, des Samoïedes;

6.° Un harnois trouvé en Sybérie, et composé de plusieurs fragmens de fer;

7.° Une figure en fer, représentant le dieu lare des Kamtschadales;

8.° Un hameçon de fer, dit le dieu de la pêche chez les Samoïedes;

Plus, une balance chinoise; les caractères d'un alphabet russe; plusieurs idoles tartares, mogoles, etc. Les articles de cet envoi estimés les plus intéressans, sont un rouble et un demi-rouble de Jean III, extrêmement rares, même en Russie.

*Médailles envoyées de Candie.*

En 1777, notre résident à Candie fit envoi de médailles grecques de villes et de rois; de médailles romaines, consulaires et impériales : l'état de ces médailles, entrées au Cabinet en juillet de ladite année, fait mention de la manière dont elles ont été insérées dans les suites (1).

---

(1) La haute réputation que s'étoit justement acquise le C.en Barthelemy, sa correspondance avec tous les savans et ce que l'on estimoit le plus illustre en Europe, ses mémoires à l'académie, et sur-tout les Voyages du jeune Anacharsis, exigeoient souvent malgré son activité et sa facilité dans le travail, indépendamment du parti qu'il tiroit de son neveu, les secours d'une main étrangère : il jeta les yeux sur moi. J'appris dès-lors à feuilleter utilement les bons livres, à puiser dans les sources, à connoître du mérite des différens traducteurs. Il m'indiqua pour guides dans la carrière à laquelle je me destinois, la Bastie, Spanheim, Morel, Frœlich, Vaillant, Pellerin, Montfaucon, Gruter, la Chausse, Spon, Caylus, Bouteroue, le Blanc, Mariette; enfin les Mémoires de l'académie des belles-lettres et autres sociétés d'artistes et d'antiquaires.

*Envoi de Versailles.*

En 1780, M. de Fontanieu déposa au Cabinet, conformément aux ordres qu'il en avoit reçus, plusieurs suites de médailles dites de Louis XIV, dont une en bronze à reliefs dorés; une autre de grandeur uniforme, et en or, entièrement gravée, avec des explications historiques, dans l'histoire des médailles du règne de ce prince, édition in-folio de 1723; une autre, également en or, faisant suite à la précédente, et formant celle du règne de Louis XV; une suite en argent, au coin de tous les rois : le tout renfermé dans une commode et deux encoignures ornées de bronze, aujourd'hui placées aux deux extrémités du grand bureau, avec des tables de marbre de griotte d'Italie.

*Médaillons d'or de madame Swinburne.*

En 1782, madame Swinburne céda par échange, 4 médaillons d'or du Bas-empire, très-précieux et par leur module et par leur rareté. On les voit dans la grande armoire, de même que d'autres médaillons également en or, et aux coins de Domitien, acheté mille francs par le cit. Barthelemy; de Commode, estimé huit cents francs; de Caracalla, deux cent cinquante francs; d'Alexandre Sévère, huit cent francs; de Gallien, deux cents francs; des Posthumes, à quatre têtes, quatre mille francs (il vient du cabinet du ci-devant duc de Verneuil); d'Aurélien, trois cents francs; de Dioclétien, deux cents francs; de Maximien Hercule, deux cents francs; de Constantin I, cent vingt francs; de Constantin jeune, trois cents francs; de Constant, deux cents francs; de Romulus César, douze cents francs; de Constance II, deux cent cinquante francs; de Magnence, deux cents francs; de Gallus, deux cents francs; de Julien II, deux cents francs; de Valentinien I, cent francs; de Valens, cent francs; de Gratien, deux cents francs; de Valentinien II, cent francs; d'Arcadius, deux cents francs; d'Honorius, deux cents francs; de Justinien, trois mille francs. Le Cabinet possède plus de soixante médaillons d'or.

*Bijoux d'or achetés à la vente Pellerin.*

En 1783, la vente de M. Pellerin procura au Cabinet un petit Amour ailé, un Harpocrate, un enlèvement de Ganymède, de même qu'une médaille inconnue ; le tout en or très-pur, moyennant la somme de trois cent quarante-deux francs.

### *Autel gaulois.*

En 1784, on transporta dans le rez-de-chaussée de la bibliothèque un autel trouvé dans les démolitions des bâtimens du palais, de la hauteur d'un mètre et demi, de forme quadrangulaire, et portant sur chaque face des bas-reliefs représentant des figures debout, ayant chacune des attributs particuliers : il paroît que deux d'entre elles sont un Apollon et un Mercure, divinités en honneur chez les Gaulois.

### *Médailles modernes déposées par M. le Noir.*

En 1785 M. le Noir, alors bibliothécaire, remit au Cabinet trente-sept médailles modernes, dont trente-une en or, quatre en argent, et deux en bronze : ces médailles ont toutes rapport à l'histoire de France.

*Curiosités péruviennes.*

En 1786, M. Dombey, médecin naturaliste, envoyé en 1776 au Pérou par les soins de M. Turgot, et aux frais du gouvernement, en rapporta, outre une belle collection de plantes et autres objets d'histoire naturelle, diverses antiquités péruviennes. Les plus remarquables sont deux plaques d'or trouvées sur les yeux d'un Incas ; un épilatoire d'or ; trois idoles d'or, dont une représentant une prêtresse du soleil ; un stilet de même métal ; un diadème et autres ornemens de tête en argent ; la tunique d'une jeune vierge du temple de Pachacamac, et un sceptre de bois orné de têtes de pélican.

*Anciennes médailles d'Athènes envoyées par Cousinery.*

En 1787, M. Cousinery, agent de France à Salonique, proposa de céder au Cabinet soixante-seize médailles des plus anciens tems de la Grèce et d'Athènes, la plupart en argent, et qu'il avoit recueillies sur les lieux. Il lui fut offert, en échange, quelques médailles d'or doubles du Cabinet, et le marché fut conclu (1).

---

(1) Ce fut dans la même année que je fis, pour

*Objets*

*Objets achetés à la vente d'Ennery.*

En 1788, on fit acquisition, pour la somme de dix mille huit cent cinquante-un francs, d'objets rares et précieux, faisant partie de la riche collection de M. d'Ennery, parmi lesquels je crois devoir citer,

1.° Une médaille d'or que l'on dit porter la tête d'Annibal, et qui a servi de modèle à la statue des Tuileries qui le représente;

---

l'imprimeur, la mise au net des sept volumes in-8.° des Voyages du jeune Anacharsis; que je répétai, sous les yeux de leur auteur, les calculs relatifs aux différentes tables; que je vérifiai dans son cabinet, conjointement avec son neveu et deux savans alors attachés à la bibliothèque, les trente mille citations répandues dans ledit ouvrage. Je corrigeai également beaucoup d'épreuves.

Je dois à la vérité d'observer qu'en ouvrant les auteurs grecs, mes vérifications ne portoient que rarement sur la colonne du texte, mais bien seulement sur la colonne latine, qui l'accompagne toujours dans les bonnes éditions.

Je n'eusse point parlé de ces travaux particuliers, s'ils n'eussent fait partie des études que ma place exigeoit, de même que l'avenir qui s'ouvroit devant moi. Depuis long-tems j'avois dit à mes deux supérieurs que je voulois aussi être garde des médailles.

2.° Une autre en argent, frappée au coin d'Audoléon, roi de Péonie ;

3.° Trois médailles d'argent des anciens rois de Perse ;

4.° Une médaille d'argent que l'on attribue à un Hélioclès, et dont la fabrique ressemble à celle de Syrie ;

5.° La suite des as et poids romains, dont l'explication se trouve au catalogue de d'Ennery, depuis la page 123 jusqu'à la page 132 inclusivement ;

6.° Vingt-trois médaillons d'or du haut et bas Empire romain, dont quatre entourés de filigranes, et que l'on peut voir en face de la page 187 dudit catalogue ; les autres, décrits depuis la page 188 jusqu'à la page 193 en partie.

7.° Plus de cent médailles d'or, dont une de Pompée, une de Néron Drusus, une de Marciane, deux de Commode, une de Plautille, trois de Géta, deux de Gordien Pie, cinq Posthume, une de Marius, une de Victor, etc. ;

8.° Une médaille d'argent, de Philistis ; une médaille d'or, de Chalcis en Eubée ; et une médaille d'or, de Cumes en Italie.

*Portrait de l'astronome Lalande.*

En 1789, la société de Bourges envoya au Cabinet une médaille d'argent représentant l'astronome Lalande.

*Envoi de pierres gravées.*

On transporta, dans le courant de cette année, au Cabinet des médailles, les pierres gravées, au nombre de plus de huit cents, qui précédemment étoient renfermées dans les tiroirs du bureau de la chambre du conseil à Versailles. Je ne m'étendrai point sur leur mérite, la beauté et la rareté des pierres, le précieux de leur travail, ni sur leur degré d'antiquité.

Les intailles, ou pierres gravées en creux, ont été décrites par Mariette. La plupart des pierres en relief sont expliquées dans les Mémoires de l'académie des inscriptions, dans le Recueil des antiquités de Caylus, et autres écrivains assez connus pour que je me dispense d'en parler ici. Il me suffira d'exposer que les pierres gravées, jusqu'alors distinctes du Cabinet des médailles, quoiqu'elles en fissent originairement partie, exigèrent à leur rentrée une nouvelle étude, tant de la nature des pierres et du sol qui les vit naître, que du degré d'estime et de considération dont elles jouissent, soit aux yeux du naturaliste, soit à ceux de l'artiste, de l'antiquaire et de l'amateur éclairé.

*Briques de Babylone.*

En 1790, M. de Beauchamps fit remettre au Cabinet des antiques onze morceaux de brique trouvés à Babylone, et remarquables par les caractères que l'on y voit tracés : il y joignit deux mémoires sur les antiquités de cette ville, ainsi qu'un plan et une vue des ruines de Takkesré ; ces mémoires ont été depuis imprimés.

*Monnoies de la Belgique.*

Dans le même tems, le C.en Carra céda pour la somme de trente-huit francs, valeur intrinsèque de la matière, une monnoie d'or, trois monnoies d'argent et deux de cuivre, frappées dans la Belgique pendant le court espace de sa liberté. Deux autres personnes donnèrent également deux pièces d'argent, frappées de même dans la Belgique en 1790. Le C.en Barthelemy, aujourd'hui sénateur, en envoya une d'argent frappée à Rome au coin du cardinal d'Yorck, portant le nom de Henri IX, roi d'Angleterre. Enfin le C.en Lavigne en donna une d'argent frappée le 17 juillet 1789.

*Trésor de S. Denis.*

En 1791, furent apportées de S. Denis, aujourd'hui Franciade, des antiquités faisant auparavant partie de son trésor, et consistant, 1.° en une agate représentant Auguste, et qui se trouvoit sur la poitrine de S. Hilaire; 2°. le calice de Suger; 3.° une aigue-marine gravée en creux par Evodus, et représentant Julie, fille de Titus : cette pierre a été enlevée du sommet de l'oratoire de Charlemagne; 4.° un vase de sardoine, à deux anses formées de serpens enlacés, et monté sur un pied gothique : ledit vase représentant des cérémonies relatives au culte de Bacchus; 5.° une grande soucoupe d'or ornée d'émaux de diverses couleurs : au milieu est un roi parthe assis sur son trône, et gravé en creux; 6.° un buste d'Auguste sur sardoine onyx; 7.° une agate onyx représentant également un Auguste; 8.° une gondole de la même pierre que le calice de Suger, montée en or, et enrichie de pierreries ; 9.° une autre gondole de jade garnie en or émaillé ; 10.° une sardoine onyx représentant la tête de Germanicus ; 11.° une urne de porphyre ayant jadis servi de tombeau, puis de fonts baptismaux ; 12.° enfin le fauteuil de Dagobert.

*Médailles des rois parthes.*

Dans le même tems, on acquit par échange de M. l'abbé de Tersan, vingt-neuf médailles en argent des rois parthes Arsacides, avec les noms des mois et la date des années. ( Il est bon de remarquer ici que le savant cardinal Noris, le P. Frœlich, Pellerin et Barthelemy, se sont utilement occupés de l'année syro-macédonienne, et que ces médailles rapportant les noms des mois Hyperberetæus, Dius, Artemisius, Soloius, Daisius, Apellæus, Peritius et Gorpiæus, etc., de même que des dates de l'ère des Grecs, aplanissent des difficultés de chronologie sur lesquelles les historiens ne sont d'aucun secours. ) Plus, sept médailles d'argent et une de bronze des rois perses Sassanides. Enfin deux médailles des rois de Judée, frappées sur des médailles d'argent de l'empereur Trajan : en tout trente-neuf pièces.

*Trésor de la Sainte-Chapelle.*

Peu après fut apporté de la Sainte-Chapelle une sardoine onyx représentant l'apothéose d'Auguste, et vulgairement appelée l'agate de la sainte-chapelle. Beaucoup d'auteurs en ont parlé avant et après l'incendie qui occasionna ses fractures : je n'en dirai donc pas davantage en ce moment ; je me contenterai d'observer que malgré cet accident, elle est encore la pièce la plus rare que l'on connoisse en ce genre ; celle du cabinet de Vienne étant beaucoup plus petite en son entier que le fragment supérieur dudit bas-relief. Elle fut apportée en France par Charles V, en 1383.

*Poids de Chio.*

Il fut acheté, dans la même année, un poids de Chio en plomb, et une figure de Diane en bronze, pour le prix de deux cent quatre-vingt-douze francs.

*Marbre de Choiseul.*

Les C.ens Barthelemy firent placer au pied du petit escalier du Cabinet des médailles, le marbre de Choiseul. Il porte une inscription grecque relative aux finances des Athéniens, et contenant l'état des sommes que fournirent pendant une année les trésoriers d'une caisse particuliere ; lesquelles se montent à un total de neuf cent soixante-neuf mille neuf cent quatre-vingt-quinze francs (1).

---

(1) Dès l'année 1788, le C.en Barthelemy oncle, chargé, conjointement avec les C.ens Larcher et Villoison par l'académie des inscriptions, d'en faire un rapport, l'avoit examinée avec fruit ; mais l'original n'étant pas encore sous leurs yeux, et la copie envoyée par M. Gaspari laissant beaucoup à désirer, il ne voulut pas dès-lors en risquer l'impression. Il falloit cependant mettre l'académie à portée de suivre les recherches qu'avoient faites à cet égard les trois commissaires. Je m'offris très-volontiers pour les répéter autant de fois et d'autant de manières que la circonstance l'exigeroit : j'en fis environ trente copies. Ce travail, long, pénible et purement mécanique, ne pouvoit être confié qu'à un élève depuis long-tems routiné à ce genre de travail. Mais ce savant antiquaire, en m'expliquant successivement toutes les parties de cette inscription, les comparant avec celles de Nointel, de Sandwich, de Chandler et autres, sut me fortifier contre les dégoûts qui auroient pu en résulter. Il a depuis donné, en 1792, sa Dissertation : elle se vend chez Debure, rue Serpente, n.° 6.

L'organisation de la bibliothèque éprouva, en 1792, quelques changemens. Son chef, le C.[en] d'Ormesson, fut remplacé par les C.[ens] Carra et Champfort. Quoique le C.[en] Carra fût mon ami depuis long-tems, et que le C.[en] Champfort me témoignât beaucoup d'estime et de bonnes intentions, je fis cependant une vraie perte dans la personne de d'Ormesson. Jamais homme ne fut plus digne d'être à la tête d'un établissement littéraire. Nos opinions politiques n'étoient sans doute pas les mêmes; mais je ne l'en chérissois pas moins: il possédoit dans le plus éminent degré le talent de se faire aimer de ses subordonnés, parce qu'il ne leur faisoit jamais sentir qu'il eût des droits sur eux, que pour les consoler dans leurs peines, que pour alléger leurs besoins (1).

---

(1) Mon confrère étant passé aux livres imprimés, je redevins seul chargé de tous les détails de cette division, toujours sous les ordres des C.[ens] Barthelemy oncle et neveu, qui en étoient gardes. Le Cabinet des médailles, depuis deux ans public trois fois par semaine, le fut alors tous les jours.

Il y avoit, à cette époque, près de vingt ans que j'étois attaché à cet établissement; je rapportois à mes

*Emaux de Petitot.*

Le Cabinet fut ensuite enrichi de la collection des portraits en émail du célèbre Petitot ; ils avoient été achetés, en 1788, à la vente de M. d'Ennery pour la somme de 72,000 liv. , et fournirent une réunion de soixante pièces, y compris trois miniatures de Rosalba Carriera : ils ont depuis été transférés au Muséum des arts, comme chefs-d'œuvre de peinture.

*Médaillier de Sainte-Geneviève.*

En l'an 1.er , des voleurs ayant essayé de s'emparer du médaillier de Sainte-Geneviéve, et l'autorité en ayant été instruite, la commission exécutive de l'instruction publique choisit, par son arrêté, les C.ens Leblond, Barthelemy et Cointreau, pour procéder, en présence du C.en Mongez, ci-devant garde dudit médaillier, à la véri-

---

deux chefs les connoissances que j'y avois acquises. Le grand âge et les infirmités de l'illustre auteur des Voyages d'Anacharsis, méritoient les plus grands égards : je m'estimois heureux de le soulager dans ses travaux.

fication et à l'inventaire des objets qu'il renfermoit. Je ne m'étendrai pas en ce moment dans un plus long examen de ce trésor, que je ne l'ai fait à l'égard de celui de M. Pellerin ; je me contenterai d'indiquer que formant un total de plus de dix-sept mille articles, il étoit sur-tout remarquable, 1.° par huit cent quarante-deux médailles impériales en or ; 2.° seize cent vingt-cinq médailles impériales d'argent ; 3.° cinq mille cent trente-neuf médailles, grand, moyen et petit bronze ; et de plus, par cent vingt-six coins connus chez les antiquaires sous le nom de coins du Padouan : il abondoit également en médailles de peuples, de villes et de rois, en médailles consulaires et médaillons en tous métaux ; et passant aux modernes, en monnoies françoises et étrangères, en sceaux, jetons, bagues et talismans.

L'ouvrage du P. du Moulinet avoit fait connoître depuis long-tems le mérite de ce Cabinet. Cette importante réunion enrichit considérablement le Cabinet national ; et je crois devoir observer, pour la satisfaction du savant auquel la garde en étoit confiée, que de la seule suite impériale en or il en étoit entré deux cent cinquante-six dans la suite de la République.

*Trésor de Chartres.*

Vers le même tems, le C.en Lemonnier déposa vingt articles provenant de Chartres, et recommandables par une sardoine onyx à trois couches, d'un décimètre de haut sur une largeur de sept centimètres, représentant un Jupiter debout, ayant son aigle à ses pieds, et tenant d'une main le grand sceptre, et de l'autre son foudre.

Ce fut à-peu-près à cette époque que Gilbert Romme, président du comité d'instruction publique, étant venu au nom des comités de gouvernement visiter le Cabinet des médailles, et les infirmités du C.en Barthelemy oncle le retenant pour le moment chez lui, son collègue et neveu étant à la prison du Luxembourg, je l'accompagnai seul au Cabinet. Alors il me fit part de l'intention où étoit l'autorité d'envoyer une partie de ce trésor à la fonte. Après avoir discuté, pendant une séance très-longue, sur les inconvéniens sans nombre qui résulteroient d'une mesure aussi contraire aux lettres et aux arts, j'obtins de lui assez de tems pour pouvoir en prévenir mon chef. La Convention sentit bientôt que pour une très-modique somme, la nation perdroit pour jamais une richesse d'autant plus précieuse, que, comme le dit fort bien Eckhel, trois siècles de crédit, de patience et d'argent, suffiroient à peine pour colliger de semblables raretés (1).

Dans la deuxième année, le gouvernement, depuis long-tems occupé des établissemens littéraires et d'un changement total dans leur administration intérieure, jeta les yeux sur-tout sur celle de la bibliothèque. Il est bon d'observer que ses plus

---

(1) Il y avoit près de quatre mois que Barthelemy neveu étoit en prison : depuis ce tems je redoublois de zèle et d'exactitude pour ne point donner prise à la malveillance, et pour que le public ne souffrît point de son absence. Alors on m'offrit sa place, et ceux qui me l'offroient pouvoient tout : la seule idée de profiter de la dépouille d'un ami malheureux me révolta. Quoique sur des listes de proscription, je jurai de briser ses fers ; menacé de périr avec lui, je bravai le danger. Sans être connu, son frère Anicet m'accompagnoit par-tout. J'obtins enfin sa liberté : cinq minutes plus tard il n'étoit plus tems; des ordres me suivoient pour doubler les grilles et les verroux.

forts emplois ne rapportoient encore, à cette dernière époque, que de modiques émolumens : les gardes ou conservateurs lettrés n'avoient que trois mille francs d'appointemens ; le garde des estampes, deux mille ; les sous-gardes ou premiers employés chargés d'un très-grand détail, et qui exigeoit beaucoup de connoissances, puisqu'ils étoient aptes à devenir eux-mêmes conservateurs un jour, n'avoient que douze cents francs d'appointemens. Les C.ens Barthelemy, consultés comme chefs de cette maison (l'oncle avoit tout récemment refusé la place de bibliothécaire), ne manquèrent pas, en traitant de ce qui regardoit la division des antiques, de s'arrêter sur mes propres intérêts, et de parler en faveur de mes vingt années de travaux, en opposition avec la modicité de mon traitement. Je fus chargé de ceux relatifs à l'école normale, et l'on m'affecta un second commis pour travailler sous mes ordres : c'est le citoyen qui me remplace aujourd'hui (1).

(1) Le ministre Paré me fit offrir alors par le C.en le Tellier, son secrétaire, une place auprès de

### *Inventaire des antiques.*

A cette époque nous étions occupés à un nouvel inventaire des antiquités, au nombre de plus de six mille articles. Ces objets, partagés en antiquités égyptiennes, étrusques, grecques, romaines, gauloises, indiennes, péruviennes, chinoises, malabares, etc. consistent en figures de divinités, en prêtres de différens cultes, en monumens, vases, instrumens en usage dans les sacrifices; en inscriptions hiéroglyphiques, funéraires, commerciales, domestiques; en meubles de ménage, instrumens de chirurgie, armes offensives et défensives, lampes de terre ou de bronze, et nommément en vases étrusques au nombre de plus de deux cents. Ils proviennent, soit d'un ancien fonds remontant au XVIe siècle, soit de l'acquisition faite au commencement de celui-ci et du cabinet Foucault, soit de la nombreuse collection du feu

---

lui; elle devoit rapporter quatre mille francs : je la refusai. J'avois également refusé une place de quartier-maître dans l'armée, une d'officier dans le régiment de Charton, et une de commissaire aux ventes des biens des émigrés.

comte de Caylus, dont l'ouvrage est dans les mains de tout le monde, avec les notes de cet infatigable auteur, sous le titre de Recueil d'antiquités, en sept volumes in-4.°

Pour faciliter les recherches des jeunes artistes et autres qui s'adonnent à l'étude de l'antiquité, je marquai M. N. sur l'exemplaire national numéroté J. 1113, tous ceux des articles gravés dans ce recueil dont les originaux se trouvent au Cabinet.

Il étoit d'autant plus urgent de procéder à ce nouvel inventaire, que l'on attendoit incessamment des pays étrangers des objets tout-à-fait semblables, et qu'il étoit instant de faire connoître au comité d'instruction publique ce que possédoit la nation : aussi en reçut-il bientôt un exemplaire, que moi-même je lui portai revêtu des signatures légales.

### *Envoi de la Hollande.*

Ce fut en l'an 3 qu'arrivèrent de la Hollande de nombreuses suites en tout genre, ayant trait ou à l'histoire naturelle ou aux antiquités. Le premir article n'est point de mon ressort ; le second, une fois reconnu par

par les chefs de ma division, et consistant en beaucoup de médailles impériales d'argent et de bronze de toutes les grandeurs, de même qu'en beaucoup d'autres de peuples, de villes et de rois, en argent et en bronze, et sur-tout en figurines, bustes, instrumens de sacrifices, et autres objets antiques et modernes, fut confié à mes soins pour en faire la première distribution, et préparer le travail qui devoit bientôt le classer dans les différentes suites, ou déterminer le nombre des doubles. Une seule médaille d'or que je trouvai par hasard dans un rouleau de bronze, appartenant à la ville de Syracuse, y fut aussitôt réunie, le type qu'elle offroit n'y étant pas encore.

*Cabinet du C.en Haumont.*

Des échanges faits avec le C.en Haumont, antiquaire d'autant plus estimable, qu'il préféra toujours les intérêts du Cabinet aux siens propres, rapportèrent dans les différentes suites, des médailles très-précieuses. A sa mort, arrivée peu de tems après, on acheta, entre autres articles, la suite des monnoies des villes, prélats et barons de France, provenant de M. de Bou-

3

logne, et à l'aide de laquelle Tobeisen Duby avoit composé son ouvrage.

*Échanges faits avec le C.en Van-Milingen.*

On fit également des échanges avec le C.en Van-Milingen, qui firent entrer dans la suite des villes et des rois, des médailles rares et singulières.

*Curiosités provenant de la maison Nesle.*

Sur ces entrefaites, il parvint de la maison Nesle, rue de Beaune, alors dépôt général des tableaux, meubles, bijoux, effets précieux, etc., de très-beaux vases étrusques, de petites statues et bustes en argent, bronze, terre cuite, estimés antiques. Ce dépôt fournit également des médailles et des pièces de monnoie de différens pays: on en tira sur-tout, à plusieurs reprises, des curiosités et antiquités chinoises, telles que du vieux laque, aujourd'hui fort rare, même dans le pays; des vêtemens d'hommes et de femmes, de grandeur naturelle; des instrumens d'astronomie, de géographie et de musique, entre autres un orgue portatif donnant des sons très-délicats, et une trompette en usage dans les funérailles; des tasses de porcelaine avec leurs soucoupes; sur une d'elles, au lieu de fleurs, est un poëme fait, dans un repos de chasse, par le dernier empereur, sur les beautés de la campagne et les délices de la vie champêtre. Il vint également des départemens réunis et pays étrangers, des costumes de l'Inde et de ses peuples plus ou moins policés: ils consistent en robes de mousseline unie et brodée, en vêtemens de différentes étoffes à l'usage des deux sexes habitant l'île de Sumatra, celle de Surate, et les confins de la Tartarie, de la Chine, de la Moscowie et du Japon.

*Cabinet du C.en Gautier.*

Les boutous, les panarés, les matoutous, les pagaras, les crawachi, les quéyons, les parariparas, les taooités, les tenaris, et autres objets à l'usage des habitans de la Guiane françoise et hollandoise, et des îles d'Otaïti et d'Owhihée, appendus jadis sur une des portes d'entrée du Cabinet, avoient été cédés à la nation par le citoyen Gautier.

Les armes offensives et défensives, telles que boucliers, arcs, carquois, flèches, sabres, crics, ceintures, poignards, sceptres, javelots, etc. suspendus dans les embrasures des fenêtres, et d'usage en Perse, en Tartarie, au Japon et chez d'autres peuples de l'Asie, proviennent des mêmes endroits.

*Etablissement du conservatoire de la Bibliothèque.*

L'an 4.e vit enfin en brumaire paroître la loi définitive sur l'organisation de la Bibliothèque. La division des médailles et antiques fut alors composée de deux conservateurs et de trois employés. Je fus à cette époque dispensé de toute écriture : faire continuellement les honneurs du Cabinet; fournir aux savans et artistes tous les renseignemens relatifs à leurs travaux ; faire pour eux les recherches qu'ils nécessitoient; aller dans les différens dépôts chercher les objets que les conservateurs y avoient choisis; en dicter les états ou procès-verbaux à l'élève qui m'accompagnoit toujours; assister au transport et classement à la bibliothèque, furent la base des travaux affectés à ma place de premier employé.

Le C.en Barthelemy, s'en reposant entièrement sur mon acquis et sur ma probité, me remit, pour les avoir toujours en ma possession, les clefs de cet important trésor (1).

Les membres de l'institut, ceux des différens conseils, du directoire et autres autorités constituées, les citoyens employés dans l'instruction publique à Paris ou dans les départemens, qui fréquentoient journellement le Cabinet, pourroient attester au besoin n'être jamais venus inutilement, et n'être jamais partis mécontens d'être venus. Tout pénible qu'étoit ce travail, qui m'obligeoit souvent à des études particulières, et à parler pendant des séances entières, jours publics ou non, je ne m'en tins pas là; car, indépendamment des médailles de Hollande dont j'ai parlé plus haut, et dont je préparois la nouvelle classification, d'après la méthode d'Eckhel, adoptée par les

(1) Parmi les citoyens qui s'adressoient journellement à moi pour des renseignemens divers, je nommerai sur-tout David et tous ses élèves; Gibelin, Leblond, Mongez, Saint-Aubin, Houdon, Lagrenée, Lebreton, Darcet, Desmarets, Chevalier, Lorta, Gois, Dacier, Legrand de Laleu, Alexandre, Clarac, Serrurier, et autres par milliers qu'il est inutile de rappeler.

conservateurs du Cabinet, je passai en revue toutes les médailles de Modène, recommandables par leur nombre et leur authenticité, la beauté des types et leur belle conservation. Confrontation faite avec les médaillons d'argent, le grand, moyen et petit bronze du Cabinet national, je mis sous chacune des médailles une note indicative du degré d'estime et d'attention qu'elles mériteroient lors de l'insertion définitive.

*Antiquités de Sainte-Geneviève.*

Je fus en même tems chargé de faire transporter à la Bibliothèque tout le cabinet des antiques ci-devant exposé dans une des salles de celle de Sainte-Geneviève, aujourd'hui le Panthéon. Ce Cabinet abondoit sur-tout en vases étrusques d'une très-grande capacité, en vases de bronze à l'usage des Romains, et connus sous le nom de conges et en leurs différentes divisions : l'un d'eux est réputé antique ; l'autre n'est que coulé sur l'antique, et a appartenu à Peiresc. Ils ont été long-tems exposés dans l'une des embrasures des fenêtres du Cabinet des médailles. Il n'est pas nécessaire d'observer que le conge et ses divisions reviennent à notre litre, demi-litre et leurs divisions. Mais au milieu de ces vases suspendus, comme je viens de le dire, il en étoit provenant de l'ancien fonds, et surtout un cyathe ou vase à boire portant le nom d'Helvius Pertinax, et ayant vraisemblablement appartenu à cet empereur. Il y avoit également beaucoup d'antiquités égyptiennes, étrusques, grecques, etc.; des curiosités en tout genre, des pierres gravées, des inscriptions, des autels; en un mot, ses anciens possesseurs s'étoient plus à y réunir ce que la curiosité instruite offre de plus intéressant.

### *Exposition desdites antiquités au Cabinet des médailles.*

Lors du transport de ces divers monumens, lequel dura toute une décade, les gens-de-lettres habitués dans cette Bibliothèque, manifestèrent leurs regrets de les voir enlever, observant que le peu de place affecté dans la salle de la rue de la Loi à ces sortes d'objets, les en priveroit pour long-tems. Je leur répondis qu'avec l'agrément du conservatoire, je tâcherois de les exposer de nouveau, sinon en totalité, du moins les plus marquans, auxquels je joindrois les morceaux les plus précieux de notre Cabinet.

Je mis à ce travail une telle diligence, et je disposai sur les chapiteaux de chacun des médailliers une collection si nombreuse de monumens à l'usage des peuples de l'antiquité, que pour m'en témoigner sa satisfaction d'une manière particulière, le conservatoire me donna une gratification de trois cents francs, quoique ce ne fût pas l'usage dans cet établissement.

### *Echanges divers.*

On acquit dans le même tems, et par voie d'échange, une petite médaille d'argent très-rare au coin de Démétrius Poliorcète, un médaillon fourré d'Auguste, frappé à Séleucie, et un médaillon en argent des Etoliens, reconnu inédit.

### *Médailles venant de Raguse.*

Je fus chercher au secrétariat des relations extérieures, quatre cent quarante-cinq médailles antiques achetées par l'agent de la République à Raguse.

Le ministre de la police ayant prévenu que des brigands méditoient une invasion nocturne à la Bibliothèque, je m'exposai le premier au danger en y couchant dès la nuit suivante. Le conservatoire m'en fit porter des remerciemens par l'organe du C.en Barthelemy, et pendant trois décades chacun suivit mon exemple.

*Matrices des assignats.*

L'an 5 versa de même son tribut au riche trésor de la Bibliothèque. D'abord le C.en Reith déposa les douze matrices en cuivre qui avoient servi au polytipage des assignats, de même que la collection des assignats tirés d'après les susdites matrices.

*Envoi de la monnoie.*

Peu après il s'enrichit d'environ cent articles énoncés dans un procès-verbal signé Dibarrant et Mongez, administrateurs de la monnoie, qui, après les avoir sortis de la caisse à trois clefs, les remirent entre les mains du C.en Barthelemy, que j'accompagnois. Ils consistoient en beaucoup de médailles modernes en argent de différens pays, en pierres gravées en creux et en relief, dont quelques-unes par le citoyen Geoffroy, artiste français distingué par ses talens.

*Echange fait avec le C.en Miroudot.*

On acquit ensuite du C.en Miroudot une médaille d'argent de l'empereur Léon, et deux petits médaillons, aussi d'argent, de Romanus : trois pièces uniques en ce métal.

*Envoi du garde-meuble.*

Le C.en Villette, directeur général du garde-meuble, délivra de même deux tableaux renfermant l'un les portraits à différens âges de Louis XIV, l'autre les portraits de ses père et mère, de ses enfans et petits-enfans, ainsi que de leurs femmes; il y joignit des armures françoises ayant servi à plusieurs de nos rois, tels que François I, Henri IV, Louis XIV, le père de Louis XV, etc. ; elles étoient accompagnées de masses d'armes, casques, boucliers, corselets, rondaches ; on y avoit joint aussi des carquois, des arcs, des flèches, des épées, et autres armes usitées dans les anciens tournois.

### *Echange fait avec le C.en Beaucousin.*

Le C.en Beaucousin donna, par voie d'échange, deux médailles d'or, l'une de Vitellius, offrant au revers une Victoire marchant avec cette légende, VICTORIA IMP. GERM.; l'autre de Vespasien, portant au revers S. C. dans un bouclier sur deux capricornes.

### *Objets revenant du Cabinet d'histoire naturelle.*

Je fus chercher au Muséum d'histoire naturelle, des caisses renfermant des idoles adorées chez les sauvages, des armes et des meubles usités parmi eux, entre autres une espèce de cuirasse couverte d'une peau de pangolin. J'en apportai aussi une momie, quelques antiquités égyptiennes, et une tête de momie encore remplie du bitume qui avoit servi à son embaumement.

Ce fut à cette époque que je formai le projet de faire l'analyse de ce grand tout, d'en détacher quelques parties pour les mettre sous les yeux des artistes, et de ceux qui se destinent à l'étude de l'antiquité, d'une manière méthodique, et par conséquent plus facile à consulter au besoin.

Je me contenterai d'en donner ici un aperçu, réservant à un tems pour moi plus tranquille, l'achèvement de l'ouvrage qu'alors j'avois entrepris.

Je commencerai par les médailles astronomiques; et passant des douze signes du zodiaque aux travaux d'Hercule, qui n'en sont que l'allégorie, j'indiquerai les médailles géographiques, et je parlerai des fleuves dont elles nous transmettent les noms. Je passerai ensuite de la fondation de Rome à ses accroissemens; et je terminerai cette nomenclature, qui, d'après les bornes que je me suis prescrites, ne peut avoir ce degré d'intérêt dont je tâcherai de l'environner un jour, en rapportant quelques-uns des plus beaux traits de la Fable et de l'Histoire.

## MÉDAILLES ASTRONOMIQUES.

Le monde se trouve au revers d'une médaille d'or de Didius Julianus, et d'une autre de même métal au coin de Caracalla;

L'orient, au revers des médailles d'or d'Hadrien et de Numérien;

Le soleil, au revers d'une médaille d'or de Septime Sévère;

La lune, au revers d'une médaille semblable de Julia Domna;

Le soleil et la lune, au revers de Julia Mæsa, sur une médaille de grand bronze frappée à Amatris;

La terre, sur une médaille d'or au coin de Julia Domna;

La terre et les quatre saisons, sur une médaille de grand bronze au coin de Commode, et sur une médaille de bronze de Faustine la jeune;

Les quatre saisons, sur un médaillon de bronze de Commode, et sur un autre au coin de Commode et d'Annius Verus;

La pluie, ou Jupiter pluvieux, sur un médaillon de bronze au coin d'Antonin Pie;

Le tonnerre, sur une médaille d'or au coin du même prince.

Les douze signes du zodiaque se trouvent sur une médaille de grand bronze, frappée à Amastris au coin de Julia Mæsa: sur une autre semblable frappée en Egypte au coin d'Antonin Pie, au revers, on voit enfermé dans un cercle une tête de Sérapis, qu'environnent, dans un second cercle, les têtes de sept planètes ; savoir, de Jupiter, laurée ; de Saturne, voilée et surmontée d'un globe ; de Mars, casquée ; du Soleil, radiée ; de la Lune, surmontée d'un croissant ; de Mercure jeune, surmontée d'un globe ; de Vénus, nue, de même que son buste. Ces deux premiers cercles sont renfermés dans un troisième, contenant les douze signes du zodiaque ; savoir, la balance, le scorpion, le sagittaire, le capricorne, le verseau, les poissons, le belier, le taureau, les gémeaux, l'écrevisse, le lion, la vierge. Voyez Zoëga, page 181, n.° 162 ; et sur une autre *id. ibid* entourant les têtes d'Osiris et d'Isis. *Zoëga*, p. 211, n.° 444.

Viennent ensuite ces mêmes signes, chacun sur une médaille particulière, du même pays, et au coin du même empereur ; savoir :

La balance, sous la figure d'une femme à moitié nue, ne posant sur rien, et tenant de la main droite des balances. *Zoëga*, pag. 183, n. 167. Devant est Vénus.

Le scorpion, lequel est surmonté du buste casqué de Mars, ayant devant lui une étoile. *Id. ibid*, n.° 168.

Le sagittaire, sous les traits d'un centaure qui prend son élan et décoche en même tems une flèche; au-dessus de lui est une tête laurée de Jupiter. *Id. ibid*, n.° 169.

Le capricorne, ayant au-dessus de lui la tête de Saturne barbue, voilée et accompagnée d'une faulx. *Id. ibid*, n.° 170.

Le verseau, représenté par un jeune homme nu, à l'exception d'un manteau qui voltige sur ses épaules; il se balance dans les airs, et tient un vase renversé. *Id. ibid*, n.° 171.

Les poissons, au-dessus desquels est le buste lauré de Jupiter, portant son sceptre sur l'épaule droite. *Id. ibid*, n.° 172.

Le belier : on y voit ce quadrupède marchant la tête surmontée d'un disque, et ayant devant lui un petit autel. *Id. ibid*, n.° 173.

Le taureau, prêt à frapper de ses cornes menaçantes; au-dessus de lui est un buste de Vénus couronné de myrte. *Id. ibid*, n.° 174.

Les gémeaux, représentés par les Dioscures à cheval, et en face l'un de l'autre;

au plus haut de la médaille est un croissant de lune. *Id. ibid*, n.° 176.

L'écrevisse, occupant le bas de la médaille, et ayant au-dessus d'elle un croissant de lune. *Id.*, pag. 182, n.° 164.

Le lion courant, la tête surmontée d'une étoile, et portant le buste du soleil. *Idem*, pag. 182, n.° 165.

La vierge, sous la figure d'une femme debout, drapée, ayant une étoile sur la tête, et tenant de la main droite un flambeau et de la gauche deux épées; en face d'elle est un buste de Mercure portant sur sa tête un globe, et sur l'épaule gauche un caducée. *Idem*, p. 182, n.° 166.

Ce rapprochement des signes du zodiaque avec les planètes, indique assez l'astrologie judiciaire, fort en usage chez les anciens, et sur-tout du tems d'Antonin. On peut voir à ce sujet ce que dit le C.en Dupuy, et les remarques du C.en Barthelemy sur les médailles d'Antonin frappées en Egypte, lues à l'académie des inscriptions en 1775, et qui se trouvent tome xlj, pag. 505.

S'il est quelquefois nécessaire de personnifier les objets précédens, ce n'est guères que comme accessoires; mais les

travaux

travaux d'Hercule offrent un champ plus vaste. Le grand nombre de médailles qui nous les retracent, nous donne une variété de types que l'on aime à parcourir, et qui entre souvent dans la composition principale des bas-reliefs et des tableaux.

D'abord on voit sur une médaille d'or et un petit bronze frappés à Lampsaque dans la Mysie, Hercule à genoux, étouffant deux serpens. On le voit de même sur une médaille d'argent frappée à Crotone en Italie, pays des Brutiens.

On le voit étouffant le lion de Némée, sur une médaille d'or, au revers de Maximien Hercule ; sur deux autres médailles d'or au revers de Posthume, achetées à la vente de d'Ennery, et mentionnées dans son catalogue, pag. 222, n.os 381 et 382, et sur une médaille de grand bronze frappée en Egypte, au revers d'Antonin Pie.

L'entrée du soleil au signe du lion, répond à la victoire d'Hercule sur le lion de Némée.

On le voit assommant l'hydre de Lerne, au revers d'une médaille d'or de Constance Chlore ; sur une médaille de bronze frappée à Prusia en Bithynie, au revers de Lucius Vérus ; sur un moyen bronze frappé à

Nicée de Bithynie, au revers de Julia Domna ; sur un médaillon de bronze frappé à Themenothyræ en Phrygie, pour lequel il faut consulter les mélanges de Pellerin, tom. 1, pag. 71.

Le coucher de l'hydre céleste a fait le triomphe d'Hercule sur l'hydre de Lerne.

Il dompte la biche aux cornes d'or, sur des médailles d'or de Maximien Hercule.

Il emporte sur ses épaules le sanglier d'Erymanthe, au revers d'une médaille d'or de Maximien Hercule, au revers d'une médaille d'argent de Posthume, au revers de médaillons de bronze d'Antonin Pie, où l'on voit Eurysthée qui cherche à se cacher sous terre en demandant grâce à son frère. *Zoëga*, pag. 171, n.° 67; et sur un moyen bronze frappé à Héraclée dans le Pont, au revers de Caracalla.

Il triomphe des Centaures, sur un médaillon de bronze de coin romain, au revers d'Antonin Pie.

Le combat contre les Centaures exprime le lever du centaure céleste, qui arrive quand le soleil est dans la balance.

Il se purifie à une fontaine, après avoir nettoyé les écuries d'Augias, sur un grand bronze égyptien , au revers d'Antonin Pie. *Zoëga* , pag. 177 , n.° 118.

Les écuries d'Augias ont trait au coucher des étoiles du verseau, qui sont sous le capricorne ou le bouc, emblème de la saleté et de l'infection.

Il tue à coups de flèches les oiseaux de Stymphale, sur des médailles d'argent frappées à Stymphalus en Arcadie; sur un grand bronze égyptien au coin d'Antonin Pie.

Hercule qui chasse les oiseaux du lac Stymphale, est l'entrée du soleil dans le sagittaire, marquée par le lever du vautour, de l'aigle et du cygne, oiseaux célestes.

Il cueille les pommes d'or du jardin des Hespérides, après avoir tué le dragon qui les gardoit , sur un médaillon de bronze latin, au revers d'Antonin Pie; sur un autre frappé en Egypte, au coin du même empereur; sur un autre en or frappé à Périnthe en Thrace, au revers de Gordien Pie.

Le voyage d'Hercule en Hespérie, c'est-à-dire, au couchant, où il fut pour enlever les pommes d'or, est le tems où se couchoit la constellation de Céphée: elle est placée sur celle du dragon ; et voilà pourquoi Hercule eut à combattre le dragon qui gardoit les Hespérides.

Il assomme Diomède et ses chevaux, sur une médaille d'or de Posthume, trouvée à Rennes en 1774 ; sur un médaillon de bronze de Périnthe, au revers de Géta ; et sur plusieurs bronzes de coin d'Egypte, au revers d'Antonin le Pieux.

Hercule dompte les cavales de Diomède, qui vomissoient des feux, parce que quand le soleil est dans les poissons, les constellations de pégase et du petit cheval se lèvent le matin avant le soleil ; aussi Hercule les conduisit sur le mont Olympe comme des chevaux célestes.

Il tue le vautour de Prométhée, sur un médaillon de bronze frappé à Périnthe au coin de Caracalla.

Il triomphe d'Hippolyte, reine des Amazones, sur un médaillon de bronze frappé dans l'île de Samos, au revers de Macrin ; sur un moyen bronze d'Héraclée dans le Pont, au revers du même empereur.

Le combat d'Hercule contre les Amazones répond au belier, parce que quand le soleil y est, la constellation d'Andromède entre dans les rayons du soleil, et que celle de la vierge se couche le matin.

Il s'empare des bœufs de Geryon, sur un médaillon de bronze de Périnthe, au revers de Septime Sévère.

La conquête des bœufs de Geryon a rapport au lever de la grande ourse, qu'on appelle aussi les bœufs d'Icare.

Il assomme le géant Alcyonæus, sur un grand bronze égyptien, au coin d'Antonin Pie.

Il ouvre le détroit de Gibraltar, sur une médaille d'or au coin de l'empereur Hadrien.

Il menace Echidna, sur un médaillon de Périnthe, au revers de Septime Sévère. *Voyez* Pellerin, Mél. de méd. t. 1, p. 74; Pierres gravées d'Orléans, t. 1, p. 38; et le portrait de Pellerin, gravé par Saint-Aubin.

Il étouffe Antée, sur une médaille d'or de Posthume; sur un grand bronze de Pergame en Mysie, au revers de Julia Domna.

Il enchaîne Cerbère, sur une médaille d'or de Maximien Hercule; sur des médaillons de bronze frappés à Héraclée dans le Pont en l'honneur d'Hercule lui-même; et sur un grand bronze frappé à Apollonie en Thrace, au revers de Gordien Pie.

Le triomphe d'Hercule sur le chien Cerbère répond à l'entrée du soleil dans les gémeaux, qui est le tems où se couche Procyon, ou le petit chien.

Enfin il est représenté, sur un médaillon de bronze frappé au coin d'Antonin Pie par la commune de Treize-Ville, passant agréablement son tems avec Omphale.

## MÉDAILLES GÉOGRAPHIQUES.

### *EUROPE.*

Tous les antiquaires, tels que Pellerin, Eckhel, etc. ouvrent la scène par l'Espagne : je ne saurois mieux faire que de suivre leur exemple.

### *L'Espagne.*

Deux médailles de bronze, l'une avec la tête de Minerve, l'autre avec celle de Diane, ont eu cours de monnoie chez les anciens Espagnols. Une médaille d'or d'Auguste représente l'Espagne sous les traits d'une femme debout, portant un vêtement relevé avec une ceinture, et un manteau rejeté par derrière ; elle tient de la main droite des épis, porte un bouclier rond sur ses épaules, et tient de la main gauche deux javelots. Deux médailles d'argent au coin de Galba, offrent en pied ou en buste des types à-peu-près semblables ; un grand bronze du même empereur offre l'Espagne portant une corne d'abondance ; de grands et moyens bronzes, au coin d'Hadrien, la peignent ou avec son petit lapin, et tenant une branche d'olivier, ou sacrifiant en présence de cet empereur. Le mot HISPANIA se lit sur une d'elles.

### *L'Espagne et la Gaule.*

Une médaille d'argent au coin de Galba, représentant la Gaule et l'Fspagne se donnant la main, porte pour légende, GALLIA. HISPANIA.

### *La Gaule.*

Une médaille d'argent au coin de Galba; une autre, aussi d'argent, au coin de Gallien ; trois grands bronzes d'Hadrien, représentent toujours la Gaule en longue robe, tenant un bouclier, des épis et des javelots ; une médaille d'argent, au coin de Posthume, le représente tendant la main à la Gaule, coiffée de tours, et porte pour légende, RESTITVTOR GALLIAR., par allusion aux trois grandes provinces dont elle étoit composée.

Mais la médaille la plus singulière est celle en argent, au coin de Galba, sur laquelle se voient au revers trois têtes de femme sur une même ligne, avec cette légende en forme d'exergue, TRES GALLIAE (c'est-à-dire, la Gaule belgique, la Gaule aquitanique, et la Gaule celtique).

*La France.*

Deux médailles d'or, l'une au coin de Constantin I.er, l'autre à celui de Crispe son fils, portent pour exergue FRANCIA. (La France n'étoit pas alors ce qu'elle est aujourd'hui.) *Cat. de d'Ennery*, pag. 233, n.° 460.

*L'Angleterre.*

Une médaille d'or et une en argent au coin de Claude, parlent de l'Angleterre; deux moyens bronzes d'Hadrien, une médaille d'or d'Antonin Pie, et quatre grands bronzes de cet empereur, représentant l'Angleterre sous la figure d'une femme assise, le pied droit posé sur des rochers, et appuyée sur un très-grand bouclier, portent dans leur légende le mot BRITANNIA: des médailles d'or de Septime Sévère et de Caracalla parlent des voyages de ces deux princes en Angleterre.

*La Saxe.*

Trois médailles d'or de Drusus, et une d'argent de Claude, parlent de leurs succès en Germanie; une médaille d'argent d'Hadrien la personnifie, et donne pour légende GERMANIA; une médaille d'or de Caracalla, et un quinaire d'or de Maximien, parlent également de leurs conquêtes en ce pays.

*La Moravie.*

Un grand bronze d'Antonin Pie, représente l'empereur saluant le roi des Quades: la légende est, REX QUADIS DATVS.

*La Suabe.*

Une médaille d'or de Constantin I.er nous retrace ses victoires en Allemagne; à l'exergue on lit ALAMANNIA. *Cat. de d'Ennery*, pag. 232, n.° 459.

*L'Autriche.*

Une médaille d'or de Trajan Dèce offre au revers deux femmes debout, ayant derrière elles deux enseignes militaires, et pour légende PANNONIAE.

*L'Italie.*

Des médailles de grand bronze aux coins d'Hadrien et d'Antonin Pie, représentent l'Italie faisant une libation sur un autel orné de guirlandes, et sous les traits d'une femme assise sur un globe parsemé d'étoiles, et tenant de la main droite une corne d'abondance, et de la gauche une haste, avec cette exergue, ITALIA.

*La Sicile.*

Des médailles d'or et d'argent au coin d'Auguste, de grands bronzes d'Hadrien, nous offrent le *triquetra*, symbole de la Sicile, ou la Sicile personnifiée, coiffée du *triquetra ;* et à la légende, SICIL.

*L'Albanie.*

Des médailles de grand bronze au coin d'Hadrien, représentent la Macédoine en costume guerrier, tenant de la main gauche un fouet, et faisant une libation devant l'empereur, avec la légende, ADVENTVI AVG. MACEDONIAE.

*La Romanie.*

De grands bronzes d'Hadrien et d'Antonin Pie font mention de la Thrace, ou la représentent tenant de la main droite une corbeille, et de la gauche un bâton ou une épée courbe, avec le mot THRACIA à l'exergue.

*La Transilvanie, la Valachie, la Moldavie.*

De grands et moyens bronzes d'Hadrien, des médailles d'or de Trajan Dèce, nous représentent la Dace sous une figure de femme portant un manteau noué sur l'épaule droite; elle est assise sur des rochers, et tient de la main droite un bâton, surmonté, à ce qu'il paroît, d'une tête d'âne: à l'exergue on lit DACIA.

*La Servie et la Bulgarie.*

La Mœsie paroît sur un grand bronze d'Hadrien, tenant un arc et un carquois: on y lit MOESIA.

*La Dalmatie.*

Une médaille de Trajan Dèce parle de l'Illyrie; elle étoit, au cinquième siècle de la République romaine, encore sauvage: ses peuples étoient appelés ILLYRICIANI.

### *La Pologne.*

Un petit bronze de coin romain parle de la Sarmatie, au revers de Constantin I.er, et son nom SARMATIA se trouve dans la légende : c'est la Sarmatie européenne.

### *La Crimée.*

Une médaille d'or au coin de Probus, et qui porte au revers VICTORIA GOTHIC. pour légende, a trait à ses succès chez les Sarmates et leurs voisins, tels que les peuples de la Chersonèse Taurique, occupée sous le bas-empire par des Goths.

Je ne donne ici qu'un extrait; je ne cite qu'une médaille où je pourrois en citer plusieurs. Je ne traite conséquemment pas des médailles de grand bronze, vulgairement appelées *les restitutions d'Hadrien*, sur lesquelles passent en revue toutes les provinces de l'empire romain, c'est à-dire, le monde alors connu. L'Europe en fournit un grand nombre ; l'Asie et l'Afrique donnent également leur contingent ; et cette série se termine par la médaille représentant la Terre, avec cette légende RESTITVTORI ORBIS TERRARVM ; par cette autre indiquant tout simplement une distribution accoutumée, avec cette légende LOCVPLETATORI ORBIS TERRARVM ; par cette autre encore, où l'empereur, mettant le feu à un amas de papiers, affranchit les particuliers des obligations qu'ils avoient contractées avec le fisc, et qui porte cette légende, RELIQUA VETERA HS. NOVIES MILL. ABOLITA ; par celle enfin où, la Terre jouissant d'un bonheur sans mélange, on lit ces mots, TELLVS STABILITA. On peut y ajouter les vœux que formoit la République pour la continuation de son bonheur.

*ASIE.*

SUR un quinaire d'argent, au revers d'Auguste, on voit une Victoire debout sur une corbeille mystique, du pied de laquelle s'élève à droite et à gauche un serpent : la légende est, ASIA RECEPTA.

De grands bronzes d'Hadrien nous représentent la Bithynie tenant de la main gauche des épis et un gouvernail, et ayant à ses pieds un navire ; dans la légende on voit le nom de cette province, BITHYNIA.

La Phrygie, si célèbre dans l'antiquité, puisque, par succession de tems, elle renferma dans son territoire le pays originairement occupé par le royaume de Troie, paroît sur un grand bronze d'Hadrien, vêtue d'un habit très-court, coiffée du corno, et tenant de la main gauche une houlette : son nom se voit dans la légende PHRYGIA.

Sur de grands et moyens bronzes d'Hadrien, on voit la Cappadoce sous les traits d'un jeune homme debout, à la tête tourellée, portant un vêtement très-court et soutenu par une ceinture ; par-dessus est un manteau noué sur la poitrine et rejeté par derrière : il est chaussé avec des bottines, il tient de la main droite le mont Argée, et de la gauche une enseigne militaire : autour est écrit CAPPADOCIA.

Sur des médailles d'or et d'argent au coin d'Auguste, on voit une tiare arménique, des arcs, des flèches et des carquois ; et un taureau, symbole du mont Taurus, qui étoit dans l'Arménie : légende, ARMENIA.

De grands bronzes d'Hadrien représentant la Cilicie debout, casquée, et tenant de la main gauche une enseigne militaire ; à la légende est le mot CILICIA. Ce pays fut autrefois célèbre par les victoires d'Alexandre, et par la ville de Tarse, qui tiroit une telle distinction de l'étude des lettres et de la philosophie, qu'elle pouvoit être comparée aux écoles d'Athènes et d'Alexandrie.

Un médaillon d'argent autonome de Syrie, nous fait voir d'un côté la tête de Cérès couronnée d'épis, de l'autre Castor et Pollux debout, ayant chacun une étoile sur la tête, et portant, l'un de la main droite, l'autre de la main gauche, une haste, et de la main opposée un bouclier, que l'on aperçoit derrière eux. La légende est ΘΕΩΝ ΚΑΒΕΙΡΩΝ. Α. Exergue, ΣΥΡΙΩΝ. De grands bronzes d'Antonin Pie représentent la Syrie sous la figure d'une femme debout, la tête tourellée, tenant de la main droite une corbeille, tandis que de la gauche elle porte une corne d'abondance. A ses pieds est une figure de fleuve nageant (c'est l'Orontès); au bas on lit, SYRIA. C'étoit en Syrie que se trouvoient ces quatre villes, bâties par Séleucus Nicator en l'honneur de son père, de sa mère et de sa femme, savoir, Antioche, Séleucie, Laodicée et Apamée, dont les habitans se disoient frères, et qui, pour éterniser leur union, mirent en circulation des monnoies portant pour légende ΑΔΕΛΦΩΝ ΔΗΜΩΝ. Ce fut aussi vers les confins de la Syrie avoisinant l'Arabie déserte, que s'éleva l'empire Palmyrénien, dans une situation intermédiaire de deux grandes puissances, et de même à l'égard de deux mers, par lesquelles s'entretenoit un grand commerce entre l'Orient et l'Occident : il étoit devenu très-considérable. On sait quelle fut la puissance d'Odenat et de Zénobie sous le règne de Gallien et d'Aurélien, et combien les restes de ses édifices témoignent de magnificence entre des cabanes qui y sont habitées par quelques Arabes. *Géographie de d'Anville*, Asie, pag. 142.

Sur de grands bronzes d'Antonin Pie, on voit la Phénicie personnifiée, debout, en vêtemens courts, et un manteau par dessus ; la tête tourellée, tenant de la main droite une corbeille, un vase et une couronne, et de la main gauche une haste : près d'elle sont une proue de navire et un palmier : la légende est PHOENICE. Béryte, Sidon, Tyr et Sarepta, étoient quatre des principales villes de la Phénicie.

Des médailles d'or, d'argent et de bronze, nous offrent, aux revers de Vespasien et de Tite, la Judée assise au pied d'un palmier,

mier, un char de triomphe derrière lequel sont enchaînés Simon et Jean, chefs des Juifs, un trophée des attributs judaïques: la légende est IUDAEA. Sur de grands bronzes d'Hadrien paroît la Judée habillée en prêtresse, entourée d'enfans tenant des palmes; elle tient de la main gauche une boite à encens, et de la droite une patère, faisant une libation sur un autel allumé.

De grands bronzes de Trajan et d'Hadrien nous représentent l'Arabie sous les traits d'une femme diadémée ou couronnée; elle est debout, vêtue d'une longue robe, et tient de chaque main des branches de laurier, d'encens, de cannelier ou de cinnamome; à ses pieds est un chameau: dans la légende est le mot ARABIA.

Il est parlé, sur des médailles d'or de Septime Sévère, des Adiabéniens, dont il triompha, de même que des Parthes et des Arabes. Ces peuples ne portoient pas de costume particulier, et sont peu connus dans l'histoire; leur ville principale étoit Arbela, qui donna son nom à la bataille qu'Alexandre livra à Darius. *Géographie de d'Anville;* Asie, pag. 245 et 246.

Lors du démembrement des vastes Etats

de ce conquérant, les Arsacides fondèrent l'empire des Parthes sur une partie de la Médie, de la Babylonie et de l'Hyrcanie. Tout le monde connoît le résultat de la malheureuse expédition de Crassus : Auguste en tira une vengeance éclatante, en les obligeant à lui rendre les enseignes légionnaires, et Tiridate, leur roi, à mettre son fils sous la protection des Romains. Beaucoup de médailles d'or d'Auguste, de Sévère et de Caracalla, traitent des différens succès des Romains sur ces peuples ; mais un grand bronze d'Antonin nous les représente sous les traits d'une femme debout, très court-vêtue, un manteau sur les épaules : elle tient de la main droite une tiare, de la gauche un arc et un carquois. La légende est PARTHIA.

La situation morale de ces différens pays offre peu de ressources à la Géographie comparée ; de tristes cabanes où étoient des villes florissantes, des masures remplaçant les palais des rois, l'arbitraire au lieu de la justice, condamnent pour longtems ces vastes pays à demeurer sous la puissance des peuples qui l'habitent.

### AFRIQUE.

L'Afrique est représentée sur de grands bronzes d'Hadrien, sous les traits d'une femme en longue robe à ceinture, la tête couverte d'une trompe d'éléphant: elle est assise par terre, tenant de la main droite un scorpion, et de la gauche une corne d'abondance; en face d'elle, et à ses pieds, est une mesure renfermant des épis. La légende est AFRICA.

De grands bronzes d'Hadrien nous représentent la Mauritanie, tantôt en habit très-court, tenant de la main droite deux javelots, et de la gauche un cheval par la bride; tantôt en robe traînante, tenant de la main gauche des épis, et faisant de la droite une libation; tantôt en habit de guerre, et tenant une enseigne. La légende est toujours MARETANIA.

Des médailles d'or et des médailles d'argent d'Auguste, nous présentent l'Egypte sous l'emblème d'un crocodile: une médaille d'or d'Hadrien nous la représente sous les traits d'une femme assise par terre, et couverte d'une longue robe; elle tient de la main droite un cistre; elle appuie son bras gauche sur un panier de jonc, et l'on voit devant elle un ibis sur un cippe : de grands, moyens et petits bronzes d'Hadrien offrent à-peu-près le même type. La légende est toujours AEGYPTOS.

Sur des médailles de grand et moyen bronze, de coin romain, on voit d'un côté la tête laurée d'Hadrien, avec cette légende, HADRIANVS AVG. COS. III. P. P. : de l'autre est une femme vêtue d'une robe longue ; ses cheveux retombant en boucles sur son cou, et assise par terre ; elle tient de la main droite des épis, tandis que de la gauche, appuyée sur une corbeille, elle tient un cep de vigne. Devant elle sont quatre épis sur leur tige : légende, ALEXANDRIA ; au bas S. C.

A partir de l'ancienne Ethiopie, ou de la cataracte du Nil, l'Egypte supérieure, appelée aussi Thébaïde, étoit séparée de l'Egypte inférieure, ou du Delta, par une province intermédiaire appelée Hepta-Nomes. Ce nom provenoit des sept préfectures dont elle étoit composée ; la Thébaïde en réunissoit quatorze, et le Delta vingt-neuf : ce qui fait cinquante dans le détail qu'en fournit l'antiquité. D'Anville en compte cinquante-trois.

Indépendamment des grands dieux, Osiris, Isis, etc. chacune de ces préfectures avoit ses dieux, ses prêtres et sa monnoie particulière : le Cabinet des médailles en possède de trente-sept différentes, toutes au coin des empereurs. Je renvoie en ce moment à d'Anville, à Zoëga et à Pellerin pour de plus amples renseignemens ; et d'ailleurs la colonie française établie à présent en Egypte, forme une masse de talens bien susceptible de jeter sur ce pays des lumières capables d'éclaircir bien des doutes, d'abréger bien des difficultés, et de nous rendre le langage, les mœurs et les usages de cet ancien peuple, aussi familiers que ceux de la Grèce et de Rome.

Je vais traiter, en peu de mots, des fleuves et des villes qu'ils baignent, pour compléter l'indication que j'avois promise, et rabattre sur l'Italie et la fondation de l'Empire romain.

Le premier objet qui se présente sous ce titre, est la fontaine Amana, située auprès de Damas, métropole de la Phénicie du Liban, et connue dans les auteurs de l'antiquité sous le nom de *Damascus*.

*La fontaine Amana.*

Sur un grand bronze d'Otacie Sévère, est le fronton d'un temple soutenu par quatre colonnes, à l'entrée duquel est Silène portant sur l'épaule gauche une outre; au pied est une voûte, à l'entrée de laquelle on voit une jeune fille couronnée de roseaux, tenant de la main droite un rameau, et de la gauche, appuyée sur une urne versant des eaux, une corne d'abondance; d'un côté le soleil, de l'autre côté la lune, et au bas un petit autel. La légende, COL. DAMAS. METRO. *Colonies de Vaillant*; Paris, 1688; Amst. 1700. *D'Anville*; Asie, pag. 134.

*Le lac Ascanius.*

Vient ensuite le lac Ascanius, à l'extrémité duquel étoit la ville de Nicée en Bithynie. On voit, sur un petit bronze de Géta, un fleuve imberbe à demi couché par terre, et regardant à gauche; il tient de la main droite un roseau, et de la gauche une corne d'abondance. Légende, ENKIB..... NEIKAEΩN. *D'Anville;* Asie, pag. 22.

*Le Caystre.*

Le Caystre, qui sur un petit bronze de

Géta est représenté à demi couché par terre, comme le sont ordinairement les fleuves; il tient de la main droite un roseau, de la gauche il s'appuie sur son urne. La légende est ΜΗΤΡΟΠΟΛΙΤΑΝ ; Métropolis de Lydie, bâtie dans la plaine que traverse ce fleuve. *D'Anville ;* Asie, pag. 46.

*Le canal de Cyzique.*

Le canal de Cyzique en Mysie, sur la Propontide, est représenté sur de grands bronzes de Faustine jeune sous la figure d'une femme nue couchée au milieu des eaux, tenant de la main droite une patère, tandis que de la gauche elle s'appuie sur des rochers. *Id. ibid.* pag. 14.

*Le Cydnus.*

L'épanchement du Cydnus près de la mer, formoit un port à moins d'un mille de distance de la ville de Tarse, que ce flèuve traversoit, ayant sa source dans le mont Taurus, qui en est peu éloigné. Rien n'est si connu que ce qu'on lit dans l'histoire, du risque de la vie que courut Alexandre par l'extrême fraîcheur des eaux de ce fleuve en voulant s'y baigner. Tarse étoit une grande ville qui fut métropole de la province de Cilicie, et qui tiroit une telle distinction de l'étude des lettres et de la philosophie, qu'elle pouvoit être comparée aux plus célèbres écoles d'Athènes et de Rome. Un médaillon de bronze au coin d'Antinoüs, et un moyen bronze de Caracalla, nous représentent ce fleuve couronné et drapé, à demi couché par terre, tenant de la main droite une corne d'abondance, et de la gauche s'appuyant sur son urne. A l'exergue est le nom du fleuve, ΚΥΔΝΟC. *D'Anville;* Asie, pag. 92.

### *Le Danube.*

Des médailles d'argent au coin de Trajan, un médaillon de bronze au coin de Constantin I.er, nous représentent le Danube sous les traits d'un vieillard à demi couché par terre, une draperie circulaire environnant sa tête; il tient de la main droite un gouvernail, et de la gauche il repose sur une urne versant des eaux. A l'exergue est le mot DANVVIVS. Tout le monde sait que le Danube est un fleuve d'Allemagne, et que Vienne s'abreuve de ses eaux.

*Le détroit de Gibraltar.*

Sur une médaille d'or d'Hadrien, on voit Hercule debout, tenant de la main droite sa massue, et de la gauche des pommes; à ses pieds est, d'un côté, une galère vue à moitié, et de l'autre un vieillard barbu, couronné, à demi couché par terre, et inclinant une urne pleine d'eau. Dans le champ est HERC. GADIT : c'est l'ouverture du détroit de Gibraltar; la figure du fleuve est l'Océan.

Sur une autre médaille d'or du même prince, on voit Hercule debout entre deux femmes drapées et couronnées, à l'entrée d'un temple orné de deux colonnes, et au bas duquel est une figure drapée et couronnée, assise par terre, et dans l'attitude qu'on donne aux fleuves.

Les deux femmes sont l'Europe et l'Afrique; le temple est celui que les Tyriens érigèrent à Hercule sur un tertre voisin de la ville de Gades; et le fleuve est l'Océan, ou le bras du Bætis, qui n'existe plus.

Sur une autre de même métal et du même prince, on voit Hercule debout, s'appuyant sur sa massue, et occupant l'entrée d'un temple à deux colonnes, au bas duquel est une figure de fleuve couchée, la main droite étendue, et le bras gauche plié sur une urne renversée.

Sur des médailles de petit bronze autonome, de Cartéia, on voit Neptune debout, et regardant à gauche; du pied droit il foule un rocher, de la main droite il tient un dauphin, et de la gauche il s'appuie sur son trident. On lit sur la médaille le nom de la ville, CARTEIA. *D'Anville;* Europe, pag. 33 = 40.

*Le Halys.*

Sur une médaille de moyen bronze de Julia Domna, on voit une femme drapée et tourellée, assise sur des rochers, tenant de la main droite des épis, tandis que de la gauche elle s'appuie sur la roche; à ses pieds est une autre figure nageant : ce pourroit être un ruisseau qui se jetoit dans le Halys. La légende est CE. TRO. ΤΑΟΥΙΑΝΩΝ. Tavium dans la Galatie. *Id.* Asie, p. 61.

*L'Hèbre.*

Des médaillons de bronze de Domitien, et de grands bronzes d'Antonin le Pieux, frappés à Philippopolis en Thrace, nous représentent l'Hèbre avec les symboles ordinaires aux fleuves. La légende est ΦΙΛΙΠΠΟΠΟΛΕΙΤΩΝ. *D'Anville ;* Europe, pag. 295.

*L'Hermus.*

Le fleuve Hermus se trouve personnifié sur de moyens bronzes autonomes de Cymé en Æolide : on y lit ΚΥΜΑΙΩΝ ΕΡΜΟC;

Sur des moyens bronzes de Commode, frappés à Acrasus en Lydie, sur lesquels se lit également son nom;

De même sur de petits bronzes autonomes des Sættiniens, peuples de Lydie; sur de semblables petits bronzes de Tabala, également de la Lydie ; sur de moyens bronzes de Tite et de Domitien, frappés à Smyrne en Ionie ;

Et sur de grands bronzes autonomes de Cadi, vers les sources de l'Hermus, fleuve dont il est ici question.

Il est bon d'observer que ces villes, portant le nom du fleuve Hermus, n'étoient pas toutes sur son cours ; mais qu'elles pouvoient profiter de ses eaux par le moyen des puits, des aqueducs et des canaux. *Id.* Asie, pag. 8 et suiv., et pag. 51.

*L'Hippurius.*

Le fleuve Hippurius passoit à Blaundos, ville de Lydie ; on le voit sur des médailles de moyen et petit bronze autonomes de cette ville. Son nom est à l'exergue ΙΠΠΟΥΡΙΟϹ.

*L'Hypius.*

Le fleuve Hypius baignoit la ville de Prusia en Bithynie ; un petit bronze autonome, et fort rare, nous transmet cette légende, ΠΡΟΥϹΙΕΩΝ ΠΡΟϹ ΥΠΙΩ. De moyens et petits bronzes de Faustine la jeune, des médaillons, des moyens et petits bronzes de Lucius Vérus, de petits bronzes de Diaduménien et de Gallien, nous donnent la même légende. *D'Anville ;* Asie, pag. 25.

*L'Iris.*

Une médaille de grand bronze frappée à Amasia dans le Pont, au coin de Faustine la jeune, nous représente l'Iris, qui, en remontant de la mer par un pays de plaine, conduisoit à cette métropole, recommandable pour avoir donné naissance au géographe Strabon ; sous les traits d'une figure virile à demi couchée par terre, tenant de la main gauche, appuyée sur des rochers, un roseau, et avançant la droite vers une galère. *D'Anville ;* Asie, pag. 32.

*Le Mœandre.*

Le Mæandre, dont les replis tortueux sont représentés au bas de plusieurs médailles autonomes de villes, comme dans le dessin on figure ordinairement une grecque, est personnifié sur de moyens bronzes de Tripolis de Carie, aux coins de Philippe le jeune et d'Herennius Etruscus, comme tenant des roseaux et une corne d'abondance, avec la légende ΜΑΙΑΝΑΡΟϹ. *D'Anville ;* Asie, pag. 47.

*Le Mœstus.*

De grands bronzes de Marc-Aurèle et de Caracalla, frappés à Ancyre de Galatie, nous représentent le Mœstus baignant le pied de cette ville, appelée aujourd'hui Angora : on conserve encore une magnifique inscription, contenant les principales circonstances de la vie d'Auguste, que renfermoit un temple qui lui étoit consacré. Les Antiquités asiatiques de Chishull ayant dépeint sa principale entrée, il est facile d'en prendre connoissance par l'imitation qu'en a faite le C.en le Noir à celle de la Bibliothèque de l'école centrale des Quatre-Nations. *D'Anville ;* Asie, pag. 59.

*La fontaine Marna.*

Un moyen bronze de Domitien, frappé à Ephèse en Ionie, fait mention d'une fontaine qu'elle possédoit, ou qui n'en étoit vraisemblablement pas éloignée. Tout le monde sait d'ailleurs qu'elle étoit bâtie sur le bord de la mer Egée, à l'embouchure du Caïstre. Cette fontaine paroît sous les traits d'une jeune fille, etc. On lit ΕΦΕϹΙΩΝ. et l'exergue porte ΜΑΡΝΑϹ. *Id. ibid.* p. 40.

*Le Mélès.*

Sur de moyens bronzes autonomes d'Amastris, ville de Paphlagonie, lesquels sont frappés en l'honneur d'Homère, on voit un fleuve tenant de la main droite une lyre, et de la gauche un roseau. La légende porte ΑΜΑϹΤΡΙΑΝΩΝ, et l'exergue ΜΕΛΗϹ. *Id. ibid*, pag. 27.

*Le Mygdonius.*

Un grand bronze de Gordien Pie, frappé à Nesibis de Mésopotamie, nous peint cette ville sous les traits d'une femme voilée, tourellée et drapée : elle est assise sur des rochers, tenant de la main droite des épis, et s'appuyant de la gauche sur son siége ; on voit au-dessus de sa tête un belier passant, et à ses pieds un fleuve représenté par un homme qui nage : c'est le Mygdonius. *D'Anville ;* Asie, p. 204.

*Le Nil.*

Des médailles d'or d'Hadrien nous représent le Nil couronné, barbu, drapé, à demi couché par terre, et tenant de la main droite une corne d'abondance, tandis que de la gauche, appuyée sur un sphinx, il tient un roseau ; à ses pieds est un hippopotame ; sous lui est un crocodile ; et au bas est son nom, NILVS.

Des médailles d'argent, du même prince, nous représentent ce fleuve sous les traits d'un vieillard ayant une longue barbe, et toujours son nom, NILVS.

Sur des médailles de grand bronze, au coin du même prince, on voit ce fleuve à demi couché par terre sur le bord d'une eau courante, dans laquelle nage un crocodile ; il tient de la main gauche une corne d'abondance, qu'embrasse un enfant ; un autre enfant lui tend la main, et un troisième enfourche un hippopotame : ce fleuve a le bras droit appuyé sur un sphinx ; au haut de la médaille est écrit NILVS.

Sur de moyens bronzes du même, est, en face du Nil, une femme également à demi couchée, mais n'occupant que le second plan : exergue, NILVS.

Sur un potin d'Egypte, au coin de Titus, on voit le Nil couronné de jonc, ayant sur l'épaule droite la plante connue sous le nom de *lotus* (la nymphée) : légende, ΝΙΛΟΣ.

Sur un autre potin d'Egypte, au coin d'Alexandre Sévère, on voit également le Nil à demi couché par terre, tenant de la main droite un roseau, autour duquel jouent trois enfans ; de la gauche il tient une corne d'abondance surmontée d'un quatrième enfant, et un cinquième à sa base ; à ses pieds est un obélisque qu'un sixième embrasse, tandis que deux autres le regardent.

Mais le plus grand honneur dont il jouisse sur les médailles, est le titre dont il est décoré, sur un petit bronze de Julien II, où l'on voit cette légende, DEO SANCTO NILO. *D'Anville* ; Afrique, pag. 9 et 40.

*L'Oronte*

*L'Oronte* ou *l'Axius.*

Sur des médailles autonomes de moyen bronze, frappées à Antioche de Syrie, fondée, comme il a été dit plus haut, par Séleucus Nicator, on voit une femme tourellée, voilée et drapée, assise sur des rochers, regardant à droite, et tenant de la main droite un épi; à ses pieds est un fleuve nageant.

Sur des médaillons d'argent frappés dans la même ville, et aux coins d'Auguste, de Trajan et d'Hadrien, on la voit sous les traits d'une femme drapée et tourellée, et tenant de la main droite une palme; à ses pieds est l'Oronte, sous la figure d'un jeune homme nageant au bas des rochers sur lesquels Antioche est assise.

Sur de grands bronzes aux coins d'Antonin Pie, d'Héliogabale et de Sévère Alexandre, on voit de même une femme assise sur des rochers, et au-dessus de sa tête est un belier passant. *Pellerin;* Asie, p. 126 et 132.

*Le Pyramus.*

Le Pyramus se voit sur un grand bronze de Maximin, frappé à Anazarbe, ou Cæsarée de Cilicie ; ce même fleuve se voit également sur un moyen bronze de Julia Domna, frappé à Flaviopolis , ville à peu d'éloignement d'Anazarbe. *D'Anville ;* Asie, pag. 93 et 94.

*Le Rhin.*

Sur une médaille d'argent, où l'on voit d'un côté la tête radiée de Posthume le père, paroît de l'autre côté le Rhin, représenté par un homme drapé, à demi couché, portant deux cornes à la tête ; il tient de la main gauche , qu'il appuie sur une urne inclinée, un roseau, et il étend la main droite vers une galère toute équipée : autour on lit, SALVS PROVINCIARVM. ( Ces deux cornes font allusion à ses deux embouchures ; et c'est pourquoi il est appelé par Virgile *bicornis.* ) *Virgile* , Enéïde , liv. VIII , v. 727.

*Le Rhodius.*

Le Rhodius se voit sur un petit bronze de Julia Domna, frappé à Dardanus en Troade. Le type à l'ordinaire ; légende, ΔΑΡΔΑΝΙΩΝ : exergue, ΡΟΔΙΟC. *D'Anville ;* Asie, pag. 13.

*Le Sangaris.*

Le Sangaris se voit sur un moyen bronze de la même impératrice, frappé à Nicée en Bithynie, avec le type ordinaire ; on lit autour de la pièce, ΝΙΚΑΙΕΩΝ ; au bas, ΣΑΓΓΑΡΙΣ. Il est bon d'observer que cette ville étoit également bâtie à l'extrémité du lac Ascanius. *D'Anville;* Asie, pag. 22 et 26.

*Le Sarus.*

Le Sarus se voit sur un petit bronze autonome d'Adana en Cilicie, où il est représenté sous les traits d'une figure nue, couronnée de roseaux, le corps à demi plongé dans les eaux où elle nage. La ville d'Adana, qui existe encore, est à quelque distance de la mer, sur la rive droite du Sarus. *Id. ibid.* pag. 93.

*Le Scamandre.*

Nous voici sur les rives du Scamandre, le plus pauvre fleuve du monde, qui ne doit sa célébrité qu'à Homère, n'étant qu'un torrent, n'ayant que peu d'espace à traverser, entre le mont Ida et le rivage de la mer.

On le voit sur un petit bronze de Géta,

frappé à Ilium en Troade, qui sortit des cendres de l'ancienne Troie, pour être placée plus près de la mer et de l'embouchure dudit fleuve. La légende est ΣΚΑΜΑΝΔΡΟΣ : exergue, ΙΛΙΕΩΝ. On le voit de même sur un grand bronze de Caracalla. *D'Anville ;* Asie, pag. 12.

*Le Scirtus* ou *le Sauteur.*

De grands bronzes aux coins de Macrin et d'Alexandre Sévère, frappés à Edesse en Mésopotamie, nous représentent le Scirtus avec le type ordinaire; et ce n'est point le Chaboras, comme le dit Vaillant, qui baignoit la ville d'Edesse, mais bien le Scirtus ou le Sauteur, de l'autre côté, des montagnes, comme le prouve d'Anville ; plus profond que le premier en géographie. Cette ville possédoit d'ailleurs la fontaine Callirhoë, et étoit capitale de l'Osroène. *Id. ibid.* pag. 193.

*Le Selinus.*

De petits bronzes de Lucius Ælius, frappés à Pergame en Mysie, donnent à ce fleuve le type ordinaire ; autour est le mot ΠΕΡΓΑΜΗΝΩΝ : sous le fleuve est CΕΛΙΝΟC.

*D'Anville ;* Asie, pag. 16. *Barbié*, Atlas d'Anacharsis, n.° 37, la met aux embouchures du Cetius, du Selinus et du Caïque.

*Le Tigre et l'Euphrate.*

De grands bronzes au coin de Trajan, représentent cet empereur triomphant de l'Arménie, reconnoissable à sa tiare, et ayant à ses côtés le Tigre et l'Euphrate, qui renfermoient la Mésopotamie, dont il se rendit également maître. Ces médailles offrent pour légende, ARMENIA ET MESOPOTAMIA IN POTESTATEM POPVLI ROMANI REDACTÆ. *D'Anville ;* Asie, pag. 98 et 190.

*Le Xanthe.*

Des médailles autonomes de Cymé en Æolide font mention du Xanthe, que je ne crois pas devoir observer être très-différent du Scamandre ou Xanthe dont il est fait mention ci-devant. Ces médailles donnent pour légende, ΚΙΜΑΙΩΝ ; et pour exergue, ΞΑΝΘΟϹ. *Id. ibid.* pag. 41. *Barbié ;* Atlas d'Anacharsis, n.° 37.

## Fondation de Rome.

Nous voici parvenus à la fondation de Rome : tel est du moins le plan que je m'étois tracé ; je vais entrer en matière.

### *Vulcain forgeant les armes d'Enée.*

Un médaillon de bronze d'Antonin Pie, nous représente Vulcain debout, tenant de la main droite un marteau, de la gauche un bouclier, sur lequel est gravé un foudre, et dont l'extrémité pose sur une enclume ; devant lui est un casque sur une base ; derrière, Pallas sur un cippe, tenant de la main gauche un bouclier, et de la droite une petite victoire ; au pied du Palladium est un autre bouclier, sur lequel on voit la louve allaitant Rémus et Romulus.

### *Enée sortant de Troie.*

Un moyen bronze d'Auguste, frappé à Segeste en Sicile, nous donne le type d'Enée sortant de Troie, et emportant ses dieux pénates, et Anchise sur ses épaules : il est suivi du petit Ascagne. *Eckhel,* Doct. num. vet. 1 vol., pag. 327.

Des médailles d'or et des grands bronzes d'Antonin Pie, nous représentent également Enée sortant de Troie, avec Anchise sur son épaule gauche, et donnant la main droite au petit Ascagne, coiffé du bonnet phrygien, et tenant le *pednm* ou bâton pastoral.

*Arrivée d'Enée en Italie.*

Un médaillon de bronze d'Antonin Pie nous fait voir la porte et les murs d'une ville : des deux côtés sont des tourelles surmontées chacune d'un autel; sur une espèce de glacis est la truie aux trente petits; plus haut on voit Enée portant Anchise sur ses épaules; près de lui est le figuier ruminal, et devant lui est un temple à l'entrée duquel est un autel.

Sur un autre médaillon du même prince, on voit Enée sortant de son vaisseau : la truie aux trente petits est sur le rivage; le petit Ascagne, qu'Enée tient par la main, est vêtu, de même que son père, à la phrygienne : le temple et les autels, qui sont sur une hauteur, marquent le lieu où devoit être un jour bâtie la ville d'Albe, et où furent placés les dieux de Troie.

*Naissance de Romulus.*

Une médaille d'or et de moyens bronzes d'Antonin Pie, une autre médaille d'or de Gallien, nous représentent Mars paludamenté et casqué, descendant du ciel avec la lance et le bouclier pour visiter Rhéa Sylvia, endormie et couchée par terre. *Pellerin,* Mél. t. 1, pag. 167, pl. 5, n.° 10.

*Les trois grands dieux de Rome.*

Un médaillon d'Antonin Pie nous fait voir trois figures assises chacune dans une chaise séparée ; dans le milieu, Jupiter tenant de la main droite son foudre, et de la gauche une haste ; à droite, Minerve casquée, et tenant une haste ; à gauche, Junon voilée, et tenant de la main droite une patère et de la gauche une haste.

*Enlèvement des Sabines.*

Un médaillon de bronze de Néron nous présente trois bornes obéliscales, autour desquelles on voit des soldats romains enlevant des Sabines : légende, SABINAE. *Cat. d'Ennery*, pag. 401, n.° 2273.

Une médaille d'or au coin d'Auguste, nous représente un soldat romain enlevant une

Sabine ; une autre , de Constantin II , nous offre le même type.

*Mort de Tarpéia.*

Sur une médaille d'argent de la famille Pétronia , on voit Tarpéia écrasée sous les boucliers des Sabins. *Tite-Live*, l. 1, par. XII.

*Les Sabines réconciliant leurs pères et leurs époux en leur présentant leurs enfans.*

Un médaillon de bronze de Faustine la mère , nous peint deux armées prêtes à en venir aux mains , et des femmes se jetant au milieu des combattans , et portant dans leurs bras de petits enfans.

*Le Pont défendu par Horatius Coclès.*

Un médaillon de bronze d'Antonin Pie, nous représente sur un pont, d'un côté, Spurius Lartius, Titus Herminius , et un soldat tenant de ses deux mains une hache levée; de l'autre côté , deux soldats de l'armée de Porsenna , dont un lance un dard sur Horatius Coclès , qui, quoique blessé et couvert de ses armes , tâche de gagner en nageant le bord de la rivière : au-dessous du pont est écrit, COCLES. *Pellerin* , Mél. 1 , pag. 208, pl. XI, n.° 1. *Eckhel*, D. N. veterum, t. 7, pag. 32.

*Navius coupant un caillou.*

Un autre médaillon de bronze, du même prince, nous représente l'augure Navius à genoux, coupant avec un rasoir qu'il tient de la main droite un caillou, tandis que de la gauche il tient le *lituus* ; en face de lui est Tarquin l'Ancien, en toge, tenant de la main gauche un rouleau, et donnant de la droite ses ordres à l'Augure : légende, NAVIVS. *De l'Allégorie*, tom. 1, pag. 39. *Eckhel*, D. N. V. tom. 7, pag. 32.

*Arrivée d'Esculape à Rome.*

Un autre médaillon de bronze du même prince, nous retrace un événement qui se passa l'an de Rome 463 : on y voit Esculape ou le serpent d'Epidaure, qui, sautant de dehors un vaisseau, et passant sous une arche du pont, est reçu par le Tibre assis sur une autre, environné de ses eaux, et tenant de la main gauche un roseau ; plus haut on distingue des édifices : légende, AESCVLAPIVS. *Eckhel*, D. N. V. t. 7, p. 32.

## ROME.

Après avoir parlé de sa fondation, je vais citer quelques-unes des médailles qui nous retracent les monumens qui servirent à l'embellir.

1.° Rome personnifiée se trouvant sur un très-grand nombre de médailles, je crois ne devoir mentionner pour sa tête que ces deux, de la famille Aburia, où elle est casquée et ailée ; ayant au revers, dans l'une, le Soleil en toge, la tête radiée, dans un char à quatre chevaux allant au galop, et tenant de la main gauche les rênes et de la droite un fouet ; et dans l'autre, Mars dans un char traîné par quatre chevaux allant au galop, tenant de la main droite un trophée, et de la gauche les rênes des chevaux, sa lance et son bouclier. Ces deux pièces sont d'argent.

2.° Un grand bronze de Trajan nous la représente sous les traits d'une femme assise, tenant de la main droite une branche de laurier, et de la gauche une longue pique transversale.

3.° Sur de grands bronzes d'Hadrien, on la voit debout, en habit de guerre, et par dessus un manteau, le casque en tête, et tenant de la main gauche la haste : elle présente la main droite à l'empereur, debout, tête nue et en toge.

4.° Son génie se voit sur un petit bronze de Licinius le père, représenté par une figure debout et drapée, coiffée de tours, tenant de la main droite une patère, de la gauche une corne d'abondance.

*Le Tibre, passant au couchant de la ville du nord au midi.*

De grands bronzes d'Antonin Pie, une médaille d'or de Pertinax, nous font voir le Tibre sous l'emblème ordinaire aux fleuves, touchant de la main droite un navire avec une baguette, tandis que de la gauche il s'appuie sur son urne et sur des rochers, faisant allusion aux sept collines qui se trouvoient dans Rome : légende, TIBERIS.

*Le pont Sublicius, de la 14.e à la 11.e région, près le grand Cirque.*

Une médaille consulaire en argent, de la famille Æmilia, nous fait voir une statue équestre tenant de la main droite une haste, et posée sur un pont, entre les trois arches duquel est écrit LEP. Légende, MV. AEMILIA. *Eckhel*, D. N. V. t. 5, pag. 127. Le pont Sublicius, dont cette médaille fait mention, étoit celui que défendit Horatius Coclès, et dont il est parlé plus haut.

*Le lieu frappé de la foudre.*

Des consulaires d'argent de la famille Æmilia et de la famille Scribonia, nous font voir l'enceinte sacrée que bâtit Scribonius en forme de mardelle, et dont il entoura le lieu qu'avoit frappé la foudre devant le porche de Minerve : elle ressemble à un autel, et est ornée de lyres, de guirlandes et de massacres; et comme les aruspices l'avoient consacrée par le sacrifice d'une brebis de deux ans, elle s'appeloit quelquefois Bidental. *Eckhel*, D. N. V., Med. cons. t. 5, pag. 130 et 302.

*La Basilique Æmilienne.*

Sur une autre médaille de la famille Æmilia, et de même en argent, on voit un très-bel édifice orné de bas-reliefs et de colonnes. *Eckhel*, D. N. V., t. 5, p. 126; *Lebeau*, Acad. des belles-lettres, t. XXIV, pag. 205. C'est la basilique Æmilienne.

### *Le temple de Janus.*

Sur de grands bronzes de Néron, on voit le temple de Janus, qui restoit ouvert tout le tems de la guerre, et ne se fermoit qu'en tems de paix.

### *Le temple de Neptune.*

Sur une médaille consulaire en or, de la famille Domitia, on voit le temple de Neptune, dont le fronton est soutenu par quatre colonnes ; dans le champ est écrit, NEPT.

### *Le grand Cirque, dans la* 11.e *région.*

Sur deux médaillons de Trajan, on voit le grand Cirque, autour duquel tournent des quadriges, et dont l'épine est ornée de figures de chars et d'animaux : on le voit aussi sur des grands bronzes du même prince; le milieu est orné d'obélisques. *D'Ennery,* M. imp. en or, 314. Règne de Caracalla.

### *Le temple de Vesta, dans la* 8.e *région, près le mont Palatin.*

Sur un médaillon de Lucille, on voit le temple de Vesta, devant lequel est un autel où sacrifient les Vestales. Le temple de Vesta se voit aussi sur des médailles d'or de

Néron, de Vespasien et de Titus, orné de plusieurs figures : il se voit également sur les médailles de plusieurs impératrices, et nommément de Julia Domna. Légende, VESTA. *D'Ennery*, m. b., n.° 3368.

*Le temple de Jupiter Olympien.*

Sur des médailles d'argent au coin d'Auguste, on voit le temple de Jupiter Olympien ; dans le champ, IOVI OLYM.

*Le temple de Jupiter Capitolin, dans la 8.e région, au centre de la ville.*

Sur un grand bronze de Vespasien, est le temple du Capitole, à six colonnes, au milieu duquel on voit Jupiter assis ; à sa droite, entre deux colonnes, est Minerve ; à sa gauche, une autre divinité : deux figures sont à droite et à gauche de ce temple, dont le fronton est enrichi de sept figures dans son intérieur, d'aigles et de dauphins sur ses bords. Sur le Capitole rétabli par Vespasien, il est bon de voir la Dissertation de Brotier, chap. 54 du liv. IV de l'Histoire de Tacite, t. 3, in-4.°, p. 514. *Cat. de d'Ennery*, grand bronze impérial, Vespasien, n.° 2573 ; m. b., 3362.

*Le temple de Jupiter Conservateur.*

Sur une médaille d'argent au coin de Caracalla, on voit Jupiter Conservateur dans son temple ; la légende est IOVI SOSPITATORI. *Cat. de d'Ennery*, p. b. 4457.

*Le pont Ælius, bâti dans la 9.e région du nord au sud.*

Sur un médaillon et un grand bronze d'Hadrien, on voit le pont Ælius, composé de sept arches, jeté sur le Tibre par cet empereur, et sur les balustres duquel sont huit statues posées sur autant de colonnes. Il fut depuis appelé le pont Saint-Ange.

*Le port d'Ostie.*

Sur de grands bronzes de Néron, est le port d'Ostie, commencé sous le règne de Claude : on y voit huit navires ; à son entrée est une statue sur une base, et dans le fond est une figure barbue, à demi couchée, tenant de la main droite un gouvernail, et de la gauche un dauphin ; au bas on lit, POR. OST. *Eckhel*, D. N. V., t. 6, pag. 276.

*Le temple de la déesse Rome.*

Sur un grand bronze d'Antonin Pie, on voit

voit un temple dont le fronton est porté par deux colonnes, et surmonté de statues et autres ornemens, avec cette légende autour, ROMAE AETERNAE ; le même temple se voit sur de petits bronzes de Maxence.

*Le port d'Ancône.*

Sur un grand bronze de Trajan, est, à ce que l'on croit, le port d'Ancône, défendu par deux tours.

*Arc de triomphe de Néron.*

Un grand bronze de Néron nous offre l'arc de triomphe, orné de statues, bas-reliefs, trophées, etc. et surmonté d'un quadrige conduit par la Fortune et par la Victoire, élevé d'après un décret du Sénat, sur le milieu du mont Capitolin, l'an de Rome 811, pour les avantages signalés de Corbulon sur les Parthes. *Eckhel,* D. N. V., tom. 6, pag. 277 ; *Tacite*, Ann. 18.

*Temple dédié à la clémence de César.*

Sur une médaille impériale d'argent, frappée du tems de César, est un temple dédié à sa clémence : légende, CLEMENTIAE CAESARIS.

### *Statue équestre d'Auguste.*

Sur une autre médaille frappée au tems d'Auguste, est une statue équestre avec cette légende, POPVLI IVSSV. Elle se voit également sur une médaille d'or, où Auguste est représenté tenant le *lituus* de la main droite; une autre semblable la fait voir avec cette légende, CÆSAR DIVI F.

### *Arc de triomphe élevé à Auguste.*

Sur une autre médaille d'or est l'arc de triomphe élevé en l'honneur d'Auguste, pour les citoyens et les drapeaux repris sur les Parthes : légende, CIVIBVS ET SIGN. MILIT. A PARTHIS RECVPER. La même médaille se voit en argent, etc.

### *Temple de Cybèle.*

Sur un médaillon de bronze, de Faustine la mère, on voit Cybèle assise entre deux lions à la porte d'un temple à deux colonnes de face, et de quatre colonnes de profondeur : hors du temple, à la gauche de la déesse, Atys debout, tenant un bâton de la main droite, et portant la gauche sur un arbre : légende, MATRI DEVM SALVTARI. Ce médaillon est dans le cabinet de Vienne ; avant, il appartenoit aux Chartreux de Rome.

*L'amphithéâtre de Gordien Pie.*

Sur un autre médaillon de bronze de Gordien Pie, est l'amphithéâtre Flavien ou le Colisée ; on y distingue intérieurement beaucoup de spectateurs, un taureau et un éléphant; en dehors, à gauche, le metasudans et un colosse; à droite, un édifice : légende, MVNIFICENTIA GORDIANI AVG. *Cat. de d'Ennery*, pag. 427.

*Temple de Junon Martiale.*

Une médaille d'argent, un médaillon de bronze, et de grands bronzes de Trebonianus Gallus, un quinaire d'or et des médailles d'argent de Volusien son fils, nous représentent le temple de Junon Martiale, sous une forme ronde, terminé par une coupole soutenue sur quatre colonnes ornées de guirlandes, élevées de plusieurs marches, au centre duquel est assise, et de face, Junon, tenant de la main droite des épis, et de la gauche une haste ; du même côté, et à ses pieds, est un paon ; au bas des colonnes sont des têtes de bœuf : légende, IVNONI MARTIALI.

*Temple de Cérès.*

Sur un grand bronze de Julia Domna, on voit le temple de Cérès, que la description *urbis Romæ*, attribuée à Publius Victor sous Valentinien et Valens, dit être situé dans la onzième région près du grand cirque; il est fermé, a un péristile à quatre colonnes, et au haut du fronton est une petite figure: légende, CERES.

*La colonne Trajane, dans la* 8.e *région.*

Des médailles d'or, d'argent, de grand et moyen bronze de Trajan, nous offrent la colonne qui porte son nom, représentant sur des bas-reliefs en spirale les conquêtes de cet empereur, et portant à son sommet sa statue pédestre: cette colonne est posée sur une base ornée d'aigles, de bas-reliefs, de guirlandes, de trophées et d'inscriptions, avec une porte au milieu conduisant à un escalier en limaçon qu'elle renferme à son centre. *Eckhel,* D. N. V., tom. 6, pag. 429 et 431.

*La colonne Antonine, élevée dans la 9.e région, près le mont Citatorius.*

Des médailles semblables, au coin d'Antonin Pie, nous représentent également la colonne qui portoit jadis sa statue pédestre, et qui conserve toujours son nom, malgré les changemens qu'elle a éprouvés du tems de Sixte-Quint; elle est de même ornée de bas-reliefs qui ont trait aux victoires de cet empereur : mais son piédestal est d'une dimension toute différente que celui de la colonne Trajane.

*Le Forum Trajani, bâti par Apollodore.*

Sur des médailles d'or et de grand bronze au coin de Trajan, on voit un très-vaste édifice élégamment construit par Apollodore Damascène, et orné de toutes parts de statues, d'enseignes militaires, de chevaux, de bas-reliefs, de colonnes et autres monumens provenant des dépouilles des peuples asservis; il existoit entre le Capitole et le mont Quirinal : la légende est, FORVM TRAIANI. *Eckhel*, t. 6, p. 432.

*Statue équestre de Marc-Aurèle.*

Sur des médailles d'or de Marc-Aurèle, on voit la statue équestre qui fut érigée à la gloire de cet empereur dans la place du Capitole, et dont le Cabinet national possède un petit modèle assez bon, mais moderne.

*Le camp Prétorien.*

Sur des médailles d'argent de Dioclétien et de Maximien Hercule, on voit le camp Prétorien flanqué de tours, de figure carrée, en forme de cloître ; il étoit au nord-est et en dehors de la ville.

*Temple de Faustine la mère.*

Sur des médailles d'argent au coin de Faustine la mère, on voit le temple qui lui fut dédié ; et la légende porte ces mots, ÆD. DIV. FAVSTINÆ.

*Temple de Minerve.*

Sur des médailles d'argent au coin de Domitien, on voit Minerve dans un temple : elle en possédoit plusieurs à Rome ; Pompée lui en avoit bâti un qu'il avoit orné des dépouilles des nations qu'il avoit vaincues.

*Temple de Vénus.*

Sur des médailles de grand bronze au coin d'Antonin Pie, on voit un temple à deux colonnes dédié à Vénus, avec cette légende, VENERI FELICI.

*Temple du Soleil, dans la 6.e région, sur le Quirinal.*

Sur un petit bronze de Probus, on voit le temple du Soleil, avec cette légende, SOLI INVICTO.

*Temple de Mars vengeur.*

Sur un médaillon d'argent d'Auguste, on voit un temple rond, dans lequel est une enseigne militaire, avec cette légende, MART. VLTO.

*Temple de Jupiter Férétrien.*

Sur une médaille d'argent au coin de Trajan, on voit le temple de Jupiter Férétrien, et une figure consulaire qui en monte les degrés.

*Le Forum Romanum.*

Sur une médaille d'argent de la famille Mussidia, on voit le lieu où le peuple tenoit ordinairement ses assemblées pour l'élection de ses magistrats, et deux figures jetant leur bulletin dans les urnes d'admission ou de réjection.

*L'aqueduc de Trajan.*

Sur de grands bronzes au coin de Trajan,

on voit sous une voûte une figure de fleuve, barbue, couronnée et drapée, à demi couchée par terre, tenant de la main droite un roseau, et de la gauche, appuyée sur une urne, un bout de la draperie; dans le milieu on voit des eaux qui coulent : exergue, AQVA TRAIANA. Le même type se trouve sur de moyens bronzes.

*La Basilique Ulpienne.*

Sur des médailles d'or, de grands et moyens bronzes de Trajan, on voit un vaste édifice orné de portiques, colonnes, statues, trophées, biges, quadriges, et autres ornemens portant l'empreinte de la plus grande magnificence; on lit sous l'édifice, BASILICA VLPIA. *Eckhel*, t. 6, p. 432.

*Le Génie du Peuple romain.*

Sur un petit bronze de Licinius le père, est une figure debout et drapée, coiffée de tours, tenant de la main droite une patère, et de la gauche une corne d'abondance : légende, GENIO POP. ROM.

*La voie de Trajan.*

Des médailles d'or, d'argent et de grand

bronze de Trajan, nous représentent un chemin construit d'après les ordres de ce prince, sous les traits d'une femme assise, tenant une roue : légende, VIA TRAIANA.

*Le Génie du Sénat.*

Sur des médailles d'or d'Hadrien, on voit le Génie du Sénat joignant sa main droite à celle d'Hadrien, Rome étant entre les deux.

*Le Colisée, ou l'Amphithéâtre des Flaviens, dans la 3.e région.*

Sur de grands bronzes de Titus, on voit le Colisée ou l'amphithéâtre de Vespasien, dont Auguste avoit eu la première idée, et dont il fit la dédicace avec une magnificence surprenante pour honorer la mémoire de son père. *Suéton*, Vies de Vespasien et de Titus.

Sur des pièces de même grandeur et de même métal, au coin de Sévère Alexandre, on voit le même Colisée, dans lequel deux gladiateurs combattent; en dehors, d'un côté, on voit l'empereur, deux figures et la borne appelée *meta-sudans*; de l'autre un temple.

*Le temple d'Esculape, dans l'île du Tibre.*

Sur une médaille d'or, au coin de Caracalla, est l'empereur en habit de guerre, accompagné d'un sénateur en toge ; il sacrifie à Esculape, dont la statue se voit à la porte du temple, près duquel est une enseigne militaire : un enfant à la droite d'Esculape paroît porter une palme.

*Statue équestre de Trajan.*

Sur un grand bronze de Trajan, on voit sa statue équestre, avec cette légende, S. P. Q. R. OPTIMO PRINCIPI.

*Temple de la Fécondité.*

Sur un petit bronze très-rare de Claudia, fille de Néron, est le temple qu'il fit élever en l'honneur de cette princesse, et qu'il dédia à la Fécondité. *Pellerin*, tom. 1, pag. 192; *Beauvais*, tom. 1, pag. 144.

*Temple d'Auguste.*

Sur une médaille d'or d'Antonin Pie, est un temple à huit colonnes élevé à la gloire d'Auguste, et réparé par les soins d'Antonin, avec cette légende, TEMP. DIVI AVG. REST. COS. IIII.

*Mars vainqueur.*

Sur une médaille d'argent de la famille Vibia, on voit Mars assis sur un monceau de boucliers, tenant une haste, et couronné par la Victoire.

*Tête de Numa.*

Sur une autre médaille consulaire, en argent, de la famille Pompéia, est la tête de Numa; sur son diadème est écrit, NVMA.

*Temple de César.*

Sur une médaille d'argent de la famille Julia, on voit un temple à quatre colonnes, dans lequel est une figure tenant le lituus; et sur la frise on lit, DIVO IVL.

*Tête d'Horatius Coclès.*

Sur une médaille d'argent de la famille Horatia, la plus rare des consulaires, on voit une tête casquée, avec cette légende, COCLES.

*Le dictateur Sylla.*

Sur des médailles de la famille Cornélia, on voit Sylla assis, recevant une branche d'olivier des mains du jeune Bocchus, qui est à genoux devant lui ; de l'autre côté est Jugurtha, aussi à genoux : légende, FELIX.

*Tête de Romulus.*

Sur une médaille d'argent de la famille Memmia, on voit la tête de Romulus avec cette légende, QVIRINVS. C. MEMMIVS C. F. ; de l'autre côté est Cérès assise, tenant une torche et des épis ; à ses pieds est un serpent : légende, MEMMIVS AED. CVRIALIA PREIMVS FECIT.

*Tête d'Ancus Martius.*

Sur une autre médaille d'argent on voit la tête d'Ancus Martius, avec le diadème et le lituus ; et cette légende, ANCVS.

*Temple de la Paix.*

Sur des médailles d'Auguste et de Vespasien on voit le temple de la Paix : il étoit sur la voie sacrée, dans la 4.[e] région.

*Lustration des enfans.*

Sur un médaillon de bronze de Lucille, on voit une femme debout, qui tient de la main droite élevée, comme pour se soutenir, un laurier ; une autre femme à genoux placée au-dessous d'elle, sur le bord d'un fleuve, y puise de l'eau, et à côté est un enfant qui attend debout l'instant de la cérémonie : de quatre autres enfans ailés, l'un est debout sur un autel ; l'autre en tombe, comme s'il étoit mort, après avoir reçu l'eau sacrée ; le troisième regarde par-dessus le mur d'un jardin, qui désigne les champs élysiens, image qui pourroit indiquer un enfant mort en naissant ; le quatrième, fortifié par cette nouvelle vie, sautille et voltige. *Eckhel*, Doct. num. vet., tom. 7, pag. 100 ; de l'Allégorie, tom. 1, pag. 147.

*Tête de C. Cœlius Caldus.*

Sur une médaille d'argent de la famille Cœlia, on voit la tête de C. Cœlius Caldus, qui fut consul l'an 660 de Rome, et ensuite envoyé en Espagne avec la qualité de proconsul. La légende est C. COEL. CALDVS COS. Derrière la tête est une enseigne militaire, et devant un sanglier ; de l'autre côté de la médaille est L. Caldus, septemvir des repas, assis sur un petit lit entre deux trophées, avec ces mots sur sa base, L. CALDVS VII VIR EPV. ; aux deux côtés sont écrits ces mots, C. CALDVS IMP. A. X. ; dans l'exergue, CALDVS III. VIR. *Caylus*, t. 3, Antiq. gaul., pag. 394; pag. 108, n.° 2.

*Triomphe de Paul Emile.*

Sur une médaille de la famille Æmilia, en argent, on voit dans le milieu un trophée; d'un côté, Paul Emile en toge, debout, portant la main droite sur le trophée, et la main gauche sur la hanche; il regarde son captif Persée, qui, ayant près de lui ses deux enfans, est debout de l'autre côté, les mains liées sur le dos. *Eckhel*, Doct. num. vet.; Num. cons., tom. 5, p. 130.

*Lépide, tuteur d'un roi d'Egypte.*

Sur une médaille d'argent de la famille Æmilia, on voit Lépide en toge, debout, posant un diadème sur la tête de Ptolémée, qui, pareillement debout, tient de la main droite une haste : légende, M. LEPIDVS TVTOR. REG. *Eckhel*, D. N. V., t. 5, p. 123.

*Tête de Brutus.*

Sur deux médailles d'or, dont une appartient à l'ancien fonds, et l'autre provient du cabinet de Sainte-Geneviève, on voit d'un côté la tête de M. J. Brutus, l'un des meurtriers de César, et de l'autre celle de L. J. Brutus, premier consul.

*Tête de Cicéron.*

Sur un bronze autonome de Magnésie, ville de Lydie sur le fleuve Sipylus, est une tête virile, imberbe, qui pourroit être celle de Cicéron, avec cette légende, ΜΑΚΡΟϹ ΚΙΚΕΡΩΝ.

*Aretas, roi d'Arabie.*

Sur une médaille d'argent de la famille Æmilia, on voit le roi Arétas, le genou droit en terre, tenant de la main gauche un chameau par la bride, et présentant de la droite un rameau d'olivier, auquel sont attachées des bandelettes. *Eckhel*, D. N. V., t. 5, pag. 131.

*Tête d'Agrippa.*

Sur des médailles d'argent de la famille Vipsania, sur des médailles impériales en or, si elles sont vraies ; sur des médailles d'argent et sur celles restituées par Trajan ; sur de moyens bronzes de coin romain et d'autres de la colonie de Nîmes, etc. on voit la tête d'Agrippa, gendre d'Auguste, et qui fit bâtir le Panthéon, tantôt nue, tantôt couronnée de proues de vaisseau, avec cette légende autour, M. AGRIPPA L. F. COS. III.

*Les Jeux séculaires.*

Sur des médailles d'argent d'Auguste, de Domitien, de Septime Sévère, etc. on voit, soit un Sabin debout, tenant de la main droite un caducée, et de la gauche un bouclier ancile ; soit l'empereur debout près d'un temple, devant lequel sont des figures à genoux ; soit l'empereur sacrifiant sur un autel, et ayant près de lui une figure touchant la lyre, et devant lui deux autres figures, l'une jouant de la double flûte, et l'autre présentant un porc pour victime à la cérémonie des jeux séculaires : légende, LVD. SAEC. FEC. C'étoit en raison de leur rareté, puisqu'ils étoient censés n'avoir lieu que tous les cent ans, que les crieurs publics, en invitant le peuple à se rendre aux jeux séculaires, s'exprimoient ainsi : *Venez à ces cérémonies, qu'aucun homme vivant n'a encore vues, et qu'il ne verra pas deux fois.*

*Arc de triomphe de Néron Drusus.*

Sur des médailles d'or au coin de Drusus, frère

frère de Tibère, on voit un arc de triomphe portant DE GERMANIS, élevé pour éterniser la mémoire des succès de ce jeune héros dans le Tirol, et jusqu'aux bords de l'Elbe, où il vainquit plusieurs nations.

*Arc de triomphe de Claude.*

Sur des médailles d'or de Claude, on voit un arc de triomphe portant DE BRITANNIS, pour la conquête de l'Angleterre, qu'il soumit vers la fin du septième siècle de la fondation de Rome, où il fit célébrer les jeux séculaires pour la sixième fois.

*Les instrumens de la Monnoie.*

Sur des médailles d'argent de la famille Carisia, on voit les instrumens nécessaires à la pression des monnoies, tels que le coin, le marteau, les tenailles et l'enclume, sous les auspices de Junon Moneta, avec l'épithète *salutaris;* parce qu'en effet elle est salutaire à la satisfaction des besoins de la vie, et que l'on doit tout rapporter à la providence, représentée par Junon déesse de tout ce qui se passe sous la voûte des cieux : légende, T. CARISIVS MONETA SALVTARIS.

*Les trois sœurs de Caligula.*

Sur un très-grand médaillon de bronze, de Caligula, sont ses trois sœurs, que l'on prétend avoir été ses maîtresses ; savoir, Julie Agrippine, Julie Drusille et Julie Liville ; on les y voit debout, tenant chacune une corne d'abondance, et leur nom est sous chacune d'elles, AGRIPPINA. DRVSILLA. IVLIA. S. C. Je ne répondrois pas de l'authenticité de ce médaillon, quoiqu'il soit dans le *Catalogue* de d'Ennery, p. 399, n.° 2255.

*La colonne de Minutius Augurinus.*

Sur une médaille d'argent de la famille Minucia, dont un Minutius Augurinus, qui, abusant de sa richesse dans un moment de disette, avoit voulu asservir sa patrie en captant la multitude par des distributions de grains, et avoit été accusé devant le peuple par Spurius Melius, on voit une colonne sur laquelle est une statue, et de chaque côté une figure debout, un capricorne et un épi de blé.

Mais c'est trop m'arrêter à une seule ville, qui, bien qu'elle soit devenue la capitale du monde et la maîtresse de l'univers, ne l'emporte peut-être sur Thèbes, Babylone, Athènes, etc. que parce qu'un plus grand laps de tems a dévoré plus de renseignemens et couvert de plus de ténèbres les moyens qui avoient coopéré à la gloire de ces différentes villes.

## HISTOIRE

### DES TEMS FABULEUX ET HÉROÏQUES.

Je vais remonter aux tems fabuleux et héroïques, et je terminerai cet extrait par quelques réflexions détachées sur diverses médailles appartenant à l'Histoire.

On ne sauroit, selon moi, commencer mieux qu'en entamant la question par Homère. Aulu-Gelle dit, livre 3, chap. 11, que l'on n'est point d'accord sur le lieu qui vit naître Homère : les uns nomment Colophon, d'autres Smyrne, quelques-uns Athènes, plusieurs enfin le croient égyptien. Aristote lui donne pour patrie l'île d'Ios. M. Varron, dans son premier livre des portraits, mit cette épigramme au bas de celui de notre poète : « Cette petite chèvre blanche indique le lieu de sa mort, parce que » c'est la victime que lui offrent, comme

» étant mort chez eux, les habitans d'Ios, » sur les autels qui lui sont élevés ».

Quoi qu'il en soit, sept villes se disputèrent l'honneur de lui avoir donné le jour.

Il résulte du passage d'Aulu-Gelle, que Smyrne fut une des villes qui prétendirent à cet honneur; aussi les Smyrnéens consacrèrent-ils à sa mémoire, non-seulement des statues, mais encore des temples : c'est ce que nous rapportent Cicéron, en disant que les Smyrnéens établirent d'une manière constante qu'Homère étoit né dans leur ville, et que c'étoit pour cette raison qu'elle renfermoit dans son enceinte un temple qui lui étoit dédié; et Strabon, avec plus de détails, lorsqu'il écrit qu'il y avoit à Smyrne une bibliothèque et un portique dédiés à Homère, de même qu'un temple où l'on voyoit sa statue : puis il ajoute que les Smyrnéens attachoient tant d'idées à cette prérogative, qu'il y avoit même chez eux une monnoie appelée homérique. Mais il est à présumer que quelques-unes de ces pièces portant le nom ΟΜΗΡΟΣ, n'ont été frappées qu'après la mort de Strabon, puisqu'il y en a d'impériales.

*Médailles de Smyrne.*

Les autonomes de Smyrne, ville d'Ionie, où il est question d'Homère, sont :

1.° En argent : on y voit, d'un côté, une tête de femme couronnée de laurier ; de l'autre, on voit un homme assis, enveloppé d'un manteau, la tête barbue et ceinte d'un diadème ; il porte la main droite à sa bouche ; de la gauche il tient une patère : légende, ΣΜΥΡΝΑΙΩΝ ΕΠΑΝΔΡΟ. ( On croit que cette figure assise est celle d'Homère. Derrière et en dehors de la légende, est une grappe de raisin. *Recueil des villes de Pellerin*, t. 2, pag. 79, pl. 58, n.° 45.

2.° En moyen bronze, où l'on voit de même un homme assis, enveloppé d'un manteau, ayant un bâton entre les jambes ; il tient de la main gauche un rouleau, et porte la main droite à sa bouche ; devant lui, à la hauteur de sa poitrine, est une étoile ; derrière lui, sur une ligne droite, est le nom de la ville, etc. *Eckhel*, D. N. V. t. 2, p. 537.

3.° En petit bronze, où l'on voit Homère assis ; et autour cette légende, ΟΜΗΡΟC. *Id. ibid.* 542.

## *L'île d'Ios.*

L'île d'Ios, dans la mer Egée, aujourd'hui Nio, dans l'Archipel, célèbre par le tombeau d'Homère, nous a transmis de petits bronzes autonomes, sur lesquels on voit la tête d'Homère ceinte d'un diadème, avec son nom, ΟΜΗΡΟϹ. *Pellerin ; villes*, t. 3, pag. 45, pl. 93, n.os 11, 12, 15. *Eckhel*, D. N. V., t. 2, p. 329.

Beaucoup d'autres villes firent également honneur à sa mémoire ; de ce nombre sont :

## 1.° *Nicée en Bithynie.*

Sur un petit bronze de cette ville, au coin de Commode, on voit Homère assis, tenant de la main droite une patère, et de la gauche le volumen : légende, ΟΜΗΡΟϹ ΝΙΚΑΙΕΩΝ. *Eckhel*, D. N. V., t. 2, p. 425.

## 2.° *Amastris en Paphlagonie.*

On voit également sur de moyens bronzes de la ville d'Amastris en Paphlagonie, ville bâtie sur une péninsule et proche de l'embouchure du Melès, de même que sur de petits bronzes, tous autonomes, la tête d'Homère ceinte d'un diadème, et portant pour légende, ΟΜΗΡΟϹ. *Eckhel*, D. N. V, tom. 2, pag. 385.

3.° *L'île de Chio.*

Mais la ville qui nous fournit quelque chose de plus positif, c'est la capitale de l'île de Chio, célèbre parmi celles avoisinant les côtes d'Ionie ; on voit sur ses petits bronzes autonomes, Homère portant une longue barbe, assis, et fixant ses regards sur un rouleau ou *volumen* qu'il tient ouvert de ses deux mains, comme s'il lisoit le mot ΙΛΙΑϹ, que l'on y distingue quoiqu'en caractères très-petits : légende, ΟΜΗΡΟϹ. *Id. ibid.* tom. 2, pag. 565.

DIEUX DE L'ANTIQUITÉ.

Les monnoies antiques offrent, dans leurs tableaux variés, les traits les plus intéressans de l'ancienne mythologie. Si nous étions plus instruits sur les usages des anciens Egyptiens ; si nous entendions la la langue qu'ils parloient, peut-être cesserions-nous d'attribuer aux Grecs ce que leur imagination brillante semble avoir enfanté. Quoi qu'il en soit, comme ils professoient tous, de même que leurs colonies, à quelques différences près, la même religion ;

comme les Romains, en triomphant des nations, adoptèrent successivement tous les dieux qu'elles adoroient, il n'est pas étonnant de retrouver sur les médailles l'histoire de ces mêmes dieux. Beaucoup d'autres ont savamment écrit sur les inscriptions, les marbres et les vases; beaucoup aussi ont parlé disertement des médailles. Mais la récolte n'est point encore achevée; et si le cercle paroît au premier abord plus circonscrit, il ne l'est réellement pas aux yeux de celui qui pendant vingt-cinq ans a été à portée d'examiner les médailles du Cabinet.

Dans la nomenclature qui va suivre, j'observerai à-peu-près l'ordre adopté par Mariette, dans la description des intailles de France; par Winckelman, dans celle des pierres de Stosch; et par le Blond et la Chau, dans les pierres gravées d'Orléans.

### *Osiris.*

Sur les médailles de Malte, on voit Osiris avec quatre ailes, tenant à la main un éventail en fouet; de l'autre côté, est une tête de femme coiffée de l'ornement isiaque. (Ces médailles sont en bronze.)

*Isis.*

Sur un petit bronze de Claude le Gothique, on voit Isis debout, tenant de la main droite un sistre, et de la gauche pendante un vase surmonté d'une anse, et dans lequel on portoit en cérémonie de l'eau du Nil. *Caylus*, Ant. rom. tom. 6, pag. 247, pl. LXXIV, n.° 5.

*Isis allaitant Orus.*

Sur des potins d'Egypte, au coin d'Hadrien, on voit Isis assise, allaitant son fils Orus.

*Harpocrate.*

Sur de moyens bronzes d'Egypte, au coin d'Antonin Pie, on voit Harpocrate nu, accroupi sur une fleur de lotus; il porte la main droite au-devant de sa bouche; de la gauche il tient un fouet.

*Anubis.*

Sur des potins d'Egypte, au coin de Claude le Gothïque, on voit Anubis à face humaine (ou le Mercure des Egyptiens), ayant sur la tête un boisseau entouré d'épis, devant lui un caducée surmonté d'une palme.

*Sérapis.*

Sur d'autres, au coin de Trajan Dèce, on voit Sérapis debout, Canope, le bœuf Apis ou le Nil.

*Jupiter Dodonéen.*

Sur une médaille d'or frappée en Epire, on voit une tête de Jupiter Dodonéen, d'un très-beau travail. *Rois de Pellerin*, p. 30.

Sur un grand bronze d'Halicarnasse en Carie, au coin de Septime Sévère, on voit Jupiter Dodonéen debout, vêtu d'une longue robe, et ayant les bras tombans, au milieu de deux chênes, sur chacun desquels est posée une colombe.

*Jupiter Ammon.*

Sur des médailles d'argent frappées à Barcé, dans la Cyrénaïque en Afrique, on voit la tête de Jupiter Ammon. *Villes de Pellerin*, tom. 3, pag. 12, pl. LXXXVII, n.° 20.

*Les Géans foudroyés.*

Sur des médailles d'or aux coins de Dioclétien, de Maximien Hercule et de Constance Chlore, on voit Jupiter foulant sous ses pieds un titan qu'il foudroie : légende, IOVI FVLGERATORI.

*Castor.*

Sur une médaille d'or au coin de Géta, on voit Castor debout, un manteau flottant sur ses épaules ; il porte dans sa main gauche un flambeau, et retient de la droite son cheval par la bride : légende, CASTOR.

*Castor et Pollux.*

Sur une tessère en plomb, on voit les figures de Castor et Pollux semblables à celles qui se trouvent sur plusieurs médailles ; de chaque côté est un homme debout, retenant un cheval par la bride, et s'appuyant sur son dos. *Caylus,* Ant. rom., tom. 4, pag. 336, pl. CIV, n.° 5.

*Les dieux Cabires Syriens.*

Sur un médaillon d'argent frappé en Syrie, on voit Castor et Pollux nus, à la réserve d'un manteau noué sur leur poitrine et tombant par derrière ; debout et vus de face, ayant chacun la tête rayonnante et surmontée d'une étoile ; ils portent, l'un de la main droite, l'autre de la main gauche, une haste, et de la main opposée un bouclier oblong qu'ils ont l'air de cacher : légende, ΘΕΩΝ ΚΑΒΕΙΡΩΝ ΣΥΡΙΩΝ. *Montfaucon*, Ant. expl., tom. 1, p. 194. *Pellerin*, Mél., tom. 1, pag. 77 = 94, où il traite particulièrement des dieux Cabyres. J'ai déjà rapporté cette médaille, p. 63, en parlant de la Syrie ; il y a entre la gravure de Pellerin et ma description quelque différence que je ne suis plus à portée de vérifier.

### *Enlèvement de Ganymède.*

Sur un moyen bronze frappé à Dardanus dans la Troade, au coin de Géta, on voit le jeune Ganymède enlevé par un aigle.

### *Minerve.*

Sur un grand bronze frappé à Séleucie de Cilicie, sur le Calycadnus, au coin de Gordien Pie, on voit Minerve, le bras gauche enveloppé de l'égide, et prête à percer d'une lance qu'elle tient de la main droite le titan Encelade, qui la menace et de ses regards et de ses bras : les extrémités de ce monstre sont occupées par des serpens.

Sur une médaille d'argent frappée à Ænia

en Thessalie, on voit d'un côté la tête de Minerve, et de l'autre une figure nue marchant, et qui, de la main droite élevée, tient un javelot; à ses pieds, d'un côté, une palme, et de l'autre deux autres javelots dans un carquois. *Pellerin;* Recueil de médaille, tom. 1, pag. 161, pl. XXVI, n.° 2.

Sur des médaillons d'argent d'Ilium, ville de Troade, on voit d'un côté une tête de femme, casquée et laurée, et de l'autre Minerve vêtue d'une longue robe, pardessus laquelle est un autre vêtement court et échancré, portant de la main droite sa pique sur l'épaule, pendant que de la gauche elle tient un flambeau; à ses pieds est la chouette; derrière elle est un monogramme: on lit ensuite ces mots, ΑΘΗΝΑΣ ΙΛΙΑΔΟΣ, avec des noms de magistrats. *Villes de Pellerin*, t. 2, pag. 63, pl. LII, n.os 23, 24 et 25.

Sur une médaille de bronze frappée à Syracuse en Sicile, on voit d'un côté une tête jeune, coiffée de la peau de lion, et de l'autre Minerve, vêtue d'une longue robe, par-dessus laquelle est un autre vêtement court et échancré: elle porte de la main droite un foudre menaçant, tandis que de la gauche elle tient son bouclier ; son écharpe flotte sur ses épaules : on lit autour, ΣΥΡΑΚΟΣΙΩΝ. *Pierres gravées d'Orléans*, tom. 1, pag. 53 et suivantes.

Sur une médaille de bronze frappée à Mésambria en Thrace, on voit d'un côté une tête diadémée, et de l'autre Minerve vêtue d'une longue robe, par-dessus laquelle est un autre vêtement plus court : elle tient d'une main un bouclier, et de l'autre elle brandit sa pique ; son écharpe flotte sur ses épaules. Cette médaille a pour légende, ΜΕΣΑΜΒΡΙΑΝΩΝ. *Atlas d'Anacharsis*, n.os 2, 7, 8, 9, 10, 11 et 39.

Toutes les monnoies d'argent d'Athènes, et la plupart des monnoies de bronze, représentent Minerve casquée, avec la chouette qui lui étoit consacrée : l'habillement de Minerve n'est point une chose à négliger par rapport aux arts et aux monumens ; et Lucien nous apprend que ses habits étoient différens suivant qu'elle étoit considérée comme déesse de la guerre ou comme déesse de la paix. Au surplus, le nom de Pallas, qui n'étoit originairement qu'un synonyme, et plus évidemment encore qu'une épithète, ne met aucune différence dans le culte public qui leur étoit rendu.

*Cérés.*

Sur un grand bronze de Néron, on voit Cérés voilée et assise, tenant de la main droite des épis, et de la gauche un flambeau; devant elle est l'Abondance debout, et au milieu une proue de navire, avec un autel sur lequel est placé un boisseau.

Sur un médaillon de bronze frappé à Tralles en Lydie, au coin de Lucius Vérus, on voit Cérés ayant dans chaque main un flambeau allumé, et se tenant debout dans un char attelé de deux bœufs qui ont des bosses sur le dos, et qui étoient particuliers à la ville de Tralles, avec cette légende, ΕΠΙ ΓΡΑ ΕΥΑΡΕΣΤΟΥ ΤΡΑΛΛΙΑΝΩΝ. *Pellerin*, deuxième Suppl., pag. 74, pl. IV, n.° 6.

Sur un grand bronze frappé à Cyzique en Mysie, au coin de Lucius Vérus, on voit Cérés dans un char traîné par des dragons, et tenant de chaque main un flambeau, avec cette légende, ΚΥΖΙΚΗΝΩΝ ΝΕΩΚΟΡΩΝ.

Sur un moyen bronze au coin de Claude,

on voit Cérès voilée et assise, tenant de la main droite des épis, et de la gauche un flambeau allumé et couché sur sa cuisse et sur son bras.

Sur une consulaire en argent, de la famille Vibia, on voit Cérès debout dans un char traîné par deux serpens, tenant de la main droite les rêns, et de la gauche une torche allumée.

Sur une autre consulaire en argent, de la famille Voltéia, on voit Cérès debout dans un char traîné par deux serpens, et tenant de chaque main une torche allumée.

*Proserpine.*

Sur des médaillons d'argent frappés à Syracuse, et dont le Cabinet national en possède plus de trente, on voit, soit seule, soit entourée de dauphins, la tête de Proserpine ornée d'une coiffure toute particulière. On a long-tems confondu la tête de Cérès avec celle de Proserpine; mais lorsqu'on a eu plus de notions sur le costume de la coiffure des vierges, on a facilement reconnu que les cheveux relevés désignoient Proserpine, et que d'ailleurs les médailles

de

de Menæ en Sicile, celles de Cyzique en Mysie, ainsi que d'autres pays, sur lesquelles on voit une tête couronnée d'épis, dont les cheveux sont relevés, et qui toutes portent le nom de ΚΟΡΑΣ, c'est-à-dire, de Proserpine, ne laissoient plus de doute à cet égard. Ce n'est pas non plus la tête d'Aréthuse que l'on voit sur les médailles qui ne portent point de légende; cette nymphe subalterne ne pouvoit l'emporter, non-seulement à Syracuse, mais encore dans toute la Sicile, sur Proserpine, dont le culte y étoit universellement établi, d'autant que la même tête se trouve sur plusieurs médailles frappées dans des pays où il ne pouvoit être question de cette nymphe. *Pierres gravées d'Orléans*, t. 1, p. 70.

Il en est de l'allégorie de Cérès et de Proserpine comme de celle d'Hercule; et le C.en Dupuis a également démontré à quelles constellations ont rapport ces deux divinités, et pourquoi Proserpine séjournoit six mois au ciel et six mois aux enfers.

*Apollon.*

Sur une médaille d'argent frappée en Ionie, à Magnésie sur le Mæandre, on voit, d'un côté, Apollon ayant à ses pieds le Mæandre, dont le cours offre les replis tortueux d'un labyrinthe : ce dieu tient de la main droite une bandelette, et de l'autre il s'appuie sur un trépied, portant son carquois ; de l'autre côté de la médaille est une tête de Diane, avec l'arc et le carquois sur l'épaule.

*Apollon et Marsyas.*

Sur un grand bronze frappé en Egypte, au coin d'Antonin Pie, on voit Apollon assis sur de hautes roches, tenant une grande lyre à neuf cordes ; devant lui est Marsyas, pendu par les mains liées à un arbre, et plus bas un homme qui aiguise un couteau sur une pierre. *Villes de Pellerin*, tom. 3, pag. 228, pl. CXXXII.

*Diane.*

Sur une médaille de bronze frappée en Sicile du tems du roi Agathocles ; sur une autre frappée à Syracuse ; sur une autre, également de bronze, frappée à Ephèse en Ionie ; sur une autre frappée à Alæsa en Sicile ; sur une consulaire, de la famille Lollia ; sur une autre frappée en Epire, on voit la tête de Diane, avec l'arc et le carquois sur l'épaule ; quelquefois elle porte un collier, des boucles d'oreille, etc. On la voit aussi sur des médailles d'argent frappées à Marseille. *Villes de Pellerin*, t. 2, pag. 76, pl. LVII, n.° 39.

Sur une médaille de bronze frappée à Milet en Ionie, on voit une femme nue, portant de la main droite un cerf, et de la gauche tenant un arc. *Eckhel*, D. N. V., tom. 5, pag. 120.

Sur une consulaire en argent de la famille Ælia, on voit Diane dans un char traîné par deux cerfs, allant fort vîte : elle tient de la main droite un flambeau, et de la gauche les rênes et une haste ; sous le corps des cerfs est une sauterelle.

### *Diane surprise par Actéon.*

Sur un médaillon de bronze frappé à Daldia en Lydie, provenant du cabinet Pellerin, et décrit par lui dans le deuxième tome de ses Mélanges, pag. 195, où il renvoie à Caylus, qui l'a fait graver, on voit au revers de Gordien Pie trois figures de femmes nues, savoir, Diane et deux nymphes, couchées au bord d'une fontaine, dans laquelle elles se baignent, et dont l'eau s'échappe des mains d'un amour qui est à quelque distance auprès d'un arbre; Actéon est derrière qui regarde la déesse, tandis qu'un cerf semble lui prédire son destin: dans le champ est un petit temple.

*Diane et ses attributs.*

Mais comme cette nomenclature outrepasseroit les bornes que je me suis prescrites, je me contenterai d'indiquer que Diane (1) est en habit de chasse sur les médailles de Mytilène, d'Ephèse, de l'île de Crète, d'Hiérocésarée en Lydie, et sur quelques autres d'Amyntas, roi de Galatie, et d'Antiochus VIII, roi de Syrie; que ses cheveux sont noués sur sa tête dans les médailles d'Antiochus Epiphanes, de Soli en Cilicie, de Séleucie, de Tripoli de Syrie, de Priansus en Crète, d'Amphipolis, etc.; et qu'elle est sans attributs sur les médailles d'Agathocles, de Syracuse, d'Ionie, d'Alæsa et de la famille Lollia, etc.

---

(1) Montfaucon, Ant. expliq., tom. 2, pl. LXXXVII.

### *Chasseur.*

Sur un bronze frappé à Ænia en Thessalie, on voit un homme nu et marchant, qui soutient de son bras gauche son manteau et un petit bouclier, tandis que de la main droite élevée il balance un javelot; à ses pieds sont deux autres traits. *Villes de Pellerin*, tom. 1, pag. 85, pl. XIII, n.° 2.

### *Le dieu Mois.*

Sur un bronze frappé à Sébaste (Ancyre), capitale de la Galatie, on voit une tête laurée posée sur un croissant de lune, et pour légende, ΚΟΙΝΟΝ ΓΑΛΑΤΩΝ. *Villes de Pellerin*, t. 2, pag. 12, pl. XXXIX, n.° 10 : c'est le dieu Mois. Haym a publié une médaille de la ville de Sardes (édition de Khell, part. II, tabl. XXI), qui présente le buste d'un jeune homme avec le bonnet phrygien, le croissant autour des épaules, et la légende, ΜΗΝ ΑΣΚΗΝΟϹ. Sur une autre de Laodicée du Liban en Syrie (*Vaillant, in* Septime Sévère) on voit un jeune homme debout qui retient un cheval par la bride, avec cette légende, ΛΑΟΔΙΚΕΩΝ ΠΡΟϹ ΛΙΒΑΝΩ. ΜΗΝ. Une troisième, de la ville de Tiberias (*Vaillant, in Antonin.*) offre le même jeune homme debout avec le bonnet phrygien, et la légende, ΤΙΒΕΡΙΕΩΝ ΜΗΝ. Enfin, sur une médaille d'Antioche de Pisidie (*Patin*, Num. imperat. pag. 173), après la légende, COL. CAES. ANTIOCH., on lit le mot MENSIS, qui se rapporte à une figure semblable aux précédentes ; avec cette différence cependant qu'aux attributs déjà cités, celle-ci joint une victoire qu'elle tient de la main gauche, et un coq qui est à ses pieds. Il paroît donc incontestable que la figure représentée sur ces médailles, est celle du dieu Mois, non-seulement personnifié, mais encore déifié. L'usage ayant été, chez la plupart des peuples de l'antiquité, de compter par l'année lunaire, il n'est pas étonnant qu'ils aient donné au Mois le croissant pour marque de la dépendance de la lune ; et les Phrygiens ayant été les premiers qui aient déifié le Mois, ils imaginèrent sans doute de le représenter avec le bonnet phrygien pour s'assurer à jamais la gloire de cette invention. *Pierres gravées d'Orléans*, t. 1, pag. 81, pl. XX.

*Mercure.*

Une médaille de bronze de Nysa, dans la partie de la Pæonie qui s'étendoit dans la Thrace, à l'orient du Strymon, nous présente Mercure debout, le bras gauche enveloppé dans son manteau, et élevant de la main droite son caducée : légende, ΝΥΣΑ ΕΝ ΠΑΙΩ. *Villes de Pellerin*, tom. 1, p. 189, pl. XXXIII, n.° 1.

Sur une médaille de bronze frappée à Ænus en Thrace, on voit Mercure debout devant un autel enflammé, tenant de la main droite une bourse, et de l'autre son manteau et son caducée : légende, ΑΙΝΙΩΝ. *Id. ibid.* n.° 12.

Sur un bronze de Thémisonium en Phrygie, on voit Mercure debout, tenant d'une main la bourse, et de l'autre son manteau et son caducée : légende, ΘΕΜΙΣΩΝΙΩΝ. *Id.* tom. 2, pag. 37, pl. XLIV, n.° 40.

Sur une médaille de bronze frappée à Philadelphie en Lydie, on voit une figure nue, marchant, et tenant de la main gauche un caducée, tandis que de la main droite elle traîne un belier : légende, ΦΛ. ΦΙΛΑΔΕΛΦΕΩΝ ΝΕΩΚΟΡΩΝ. *Id. ibid.* p. 115, pl. LXIV, n.° 69.

Sur une médaille de bronze frappée à Nysa dans la Carie, et proche de Tralles, sur les confins de la Lydie, on voit Mercure portant des ailes à la tête et aux pieds, et tenant de la main droite la bourse, tandis que de la gauche il tient son manteau et son caducée : on lit autour, NYCAEΩN. *Villes de Pellerin*, t. 2, pag. 128, pl. LXVII, n.° 43.

Sur une médaille de grand bronze frappée à Carthage en Afrique, au coin de Tibère, on voit Mercure assis sur un rocher, portant des ailes à la tête et aux pieds, et s'appuyant de la main gauche sur la roche, tandis que de la droite il tient son caducée. — Par Mercure, on doit entendre la formation du langage, l'usage des caractères, les découvertes astronomiques, etc. *Pellerin*, lettr. 2, pag. 152, pl. II, n.° 3; *Eckhel*, Doct. num. vet. tom. 4, p. 139; *Pierres gravées d'Orléans*, tom. 1, p. 89, pl. XXI, 22, 23, 24, etc.; *Lucien*, 24.e Dialogue des dieux.

### *Hécate.*

Sur un moyen bronze autonome de la ville d'Æzanis en Phrygie, on voit une femme triple, debout, à demi nue : ses têtes sont coiffées de serpens ; d'une de ses mains droites elle tient une patère, d'une des gauches un serpent : les quatre autres tiennent des torches allumées. *Pellerin*, Supplément 2, pag. 92, dit que c'est une furie ; *Eckhel*, D. N. V. t. 3, p. 129, y voit Hécate.

*Les trois Parques.*

Sur une médaille d'or de Maximien Hercule, on voit les trois Parques debout, et se donnant la main : la légende est, FATIS VICTRICIBVS.

*Neptune.*

Sur un petit bronze frappé à Corinthe en Achaïe, on voit Neptune nu et debout, tenant d'une main le trident, et de l'autre portant un dauphin. — On le voit également sur un moyen bronze au revers d'Agrippa, et portant un manteau replié sur ses bras.

*Vénus Cnidienne.*

Sur un médaillon de bronze frappé à Cnide en Carie, et représentant, d'un côté, les têtes de Caracalla et de Plautille en regard, on voit de l'autre la figure de Vénus Cnidienne (de Praxitèle), debout auprès d'un vase à anses, dans lequel elle paroît plonger une draperie ; autour est la légende, ΚΝΙΔΙΩΝ.

Sur un grand bronze frappé aussi à Cnide pour le même empereur, on voit également la Vénus de Praxitèle nue, pliant un peu le genou gauche, tournant la tête de ce côté, portant la main droite au-devant de son sein, et tenant de l'autre une légère draperie élevée au-dessus d'un vase. Ici la Vénus est à-peu-près dans la même attitude que celle du médaillon ; mais elle offre une différence remarquable, en ce qu'Esculape est à côté d'elle, appuyé sur son bâton ; au bas est la légende, ΚΝΙΔΙΩΝ. *Atlas d'Anacharsis*, n.° 39 — 5, chap. LXXII, t. 6, p. 197 ; *Pierres gravées d'Orléans*, tom. 1, pag. 135 et suiv., pl. XXXI.

*Les sœurs de Phaéton.*

Sur une médaille consulaire de la famille Æcoléia, on voit les trois sœurs de Phaéton métamorphosées en larix ( arbre qui ne se voit guère que sur les bords du Pô). *Eckhel*, D. N. V. t. 5, pag. 118.

*Junon Samienne.*

Sur un médaillon de bronze frappé à Samos, île de la mer Egée, et qui n'est séparée de l'Ionie que par un canal étroit, on voit dans son temple d'ordre dorique, en habit de noces, entre deux paons, Junon, sœur et femme de Jupiter; à l'entrée du temple, est, dans une caisse, l'*Agnus castus* qui servit de berceau à la déesse: au bas de la pièce est écrit, ΣΑΜΙΩΝ. On sait que, dans les plus anciens tems, Junon passoit pour être née dans un des arbustes dont il est parlé sur ce médaillon, et qui sont très-fréquens le long de la rivière qui prend sa source derrière la montagne, et que l'on nomme l'*Imbrasus;* que le paon, qui se plaisoit à Samos, lui étoit consacré, et que la tradition disoit également que ce fut à Samos qu'elle épousa Jupiter. C'est pour toutes ces raisons que Junon étoit honorée dans cette ville d'un culte particulier. *Atlas d'Anacharsis*, fol. 39, n.° 6. *Médaillon de bronze frappé à Samos au coin de Gordien. Voyages d'Anacharsis*, tom. 6, chap. LXXIV, pag. 255.

### *Mars Gradivus*, *Victor*, *Ultor*, etc.

Sur de grands bronzes de Galba, de Vitellius, de Trajan, d'Antonin Pie, etc. on voit Mars ou assis sur des dépouilles, ou debout et marchant, un trophée sur l'épaule gauche, nu, casqué, et tenant de la main droite une pique transversale. Les Romains donnèrent à Mars l'épithète de *Gradivus*, pour exprimer la célérité de ce dieu marchant à la guerre.

### *La Victoire.*

Sur un quinaire d'or monté en bague, et dans son ancienne monture, offrant d'un côté la tête laurée de Maximien, on voit de l'autre côté une Victoire debout, tenant de la main gauche une palme, et de la droite une couronne : à ses pieds est un captif enchaîné. Ce quinaire a été trouvé auprès d'Amiens.

Sur un petit bronze au coin de Trajan, et frappé à Zaythe en Mésopotamie, on voit une Victoire debout, tenant de la main gauche une palme, et de la droite une couronne. *Caylus*, *Recueil d'antiquités*, t. 5,

p. 314, pl. CXII, n.os 1 et 2. *Id.* Ant. grecq. t. 6, p. 207, pl. LXV, n.° 3.

Minerve et la Victoire ont souvent été prises l'une pour l'autre, ou du moins associées ensemble.

*Léandre et Héro.*

Des médaillons aux coins de Septime Sévère et de Caracalla son fils, nous transmettent l'aventure de Léandre et de Héro. Ils ont été frappés à Abydos en Asie, patrie de Léandre, et qui ne montre plus aujourd'hui que des ruines, sur une pointe nommée Nagara. C'est de cette ville que Xerxès jeta un pont sur le détroit, maintenant des Dardanelles, pour le passage de son armée. On voit, sur de ces médaillons, Héro au haut d'une tour, guidant Léandre, qui traverse le détroit à la nage, par le moyen d'un flambeau qu'elle tient de la main droite: sur d'autres médaillons, c'est un Amour voltigeant dans les airs qui tient le flambeau. Strabon fait mention de la tour de Héro: on la voyoit, de son tems, à Sestos en Europe, ville actuellement ruinée, et qui portoit, en 1356, le nom de Zemenic. On lit sur ces médaillons, ΗΡΩ ΛΗΑΝΔΡΟϹ ou

ΛΕΑΝΔΡΟϹ ΑΒΥΔΗΝΩΝ. *Spon;* Voyag. l. 1, p. 347. *Wheler,* t. 1, pag. 50. *Mariette,* n.° 38. *Pierres gravées d'Orléans,* t. 1, p. 292=294. *D'Anville;* urope, pag. 289. *Id.* Asie, pag. 13 et 14.

*Persée coupant la tête de Méduse.*

Sur un médaillon de bronze provenant du cabinet Pellerin, frappé à Sébaste en Phrygie (Ancyre de Galatie), au coin de Caracalla, indiqué, dans le troisième tome de ses villes, comme décrit par Caylus dans le quatrième tome de ses Antiquités, décrit de même dans le deuxième volume des Mélanges, mais définitivement mieux expliqué par une note manuscrite en marge de la page 255 dudit troisième volume des villes, qui, d'après Eckhel, dit que, d'un côté, il représente le buste lauré et paludamenté de Caracalla, avec cette légende, ΑΥΤ. ΚΑΙ. Μ. ΑΥΡ. ΑΝΤΩΝΕΙΝΟϹ; et au revers, Persée coupant la tête de Méduse en présence de Minerve. On voit en effet, de l'autre côté, trois figures: 1.° Méduse à genoux, et vêtue d'une longue robe; 2.° Persée debout, la tête et le corps nus, avec un petit manteau voltigeant sur ses épaules, des ailes à ses pieds, tenant un sabre de la main droite, et de la gauche les cheveux de la Gorgone; 3.° Pallas, également debout, à la droite de Persée, le casque en tête, et vêtue jusqu'aux pieds d'une longue robe, par-dessus laquelle en est une autre allant à peine aux genoux, et faisant ressortir la taille: elle est attentive à ce qui va se passer; elle tient sa haste de la main droite, et de la gauche offre aux regards de Persée un bouclier d'airain, pour qu'il puisse y voir la victime sans risquer d'être pétrifié, comme l'étoient tous ceux qui osoient regarder Méduse en face: avec cette légende, ΕΠΙ ΛΟΥ. ΑΜΕΞΑΛΙΟΥ ΑΝΤΩΝ..... ΑΡΧ. Exergue, CΕΒΑCΤΗΝΩΝ. *Recueil des médailles de villes de Pellerin*, t. 3, p. 255. *Caylus*, Recueil d'antiquités, t. 4, pag. 158, pl. LIV, n.os 1 et 2. *Addit. de Pellerin aux Recueils*, pag. 60.

*Persée tenant la tête de Méduse.*

Sur de grands bronzes autonomes d'Amisus dans le Pont, on voit, d'un côté, la tête de Pallas; de l'autre, Persée debout, vu de face, vêtu d'une longue robe, coiffé d'un bonnet recourbé par le haut, et terminé par des fanons tombant sur ses épaules ; il tient de la main droite un coutelas, et de la gauche, par les cheveux, la tête coupée de Méduse, dont on voit le corps étendu à ses pieds : légende, ΑΜΙΣΟΥ. Le même type se trouve sur de grands bronzes d'Amastris et de Sinope dans la Paphlagonie, également au revers de la tête de Pallas. *Villes de Pellerin*, note manuscrite, t. 3, p. 255. *Additions au Recueil*, pag. 54 et suiv. *Eckhel*, D. N. V. t. 2, p. 340 et suiv. *Id. ibid.* Province de la Paphlagonie. *Amastris*, p. 384. *Sinope*, p. 391.

*Tête de Méduse, sur l'égide de Minerve.*

Sur de moyens bronzes frappés à Amisus dans le Pont ; à Cabira, dans le Pont Cappadocien, vers la petite Arménie ; à Chabacta, même province ; et à Sinope, dans la Paphlagonie, on voit au centre de l'égide de Minerve la tête de Méduse environnée de serpens.

*Persée délivrant Andromède.*

Sur un grand bronze frappé en Egypte, au coin d'Antonin Pie, on aperçoit une figure drapée et coiffée d'un bonnet phrygien,

gien, aidant à descendre d'un rocher une autre figure plus petite et très-légèrement vêtue : on croit que c'est Persée délivrant Andromède. *Zoëga*, pag. 209, n.° 438.

### *Le Jugement de Pâris.*

Sur un grand bronze frappé en Egypte, au coin d'Antonin Pie, on voit le jugement de Pâris. Les trois déesses paroissent debout sur le mont Ida : à droite de la médaille est Vénus à demi nue, la main droite élevée ; dans le milieu est Junon voilée, et tenant de la main droite une haste ; à gauche est Pallas casquée, la main droite tombante, et tenant de la gauche une haste ; plus bas, et en face d'elles, est Pâris accompagné de Mercure, qui lui parle du mérite des trois déesses ; sur la tête de Vénus voltigent deux Amours, qui la couronnent. *Zoëga*, pag. 180, n.° 158.

### *Fondation d'Athènes.*

Sur une médaille de bronze frappée à Athènes, on voit, d'un côté, la tête casquée de Minerve, fondatrice de cette ville; de l'autre, la citadelle, dans laquelle on remarque l'escalier qui y menoit, ainsi que la statue et le temple de la déesse ; dans le roc, on distingue la grotte du dieu Pan : légende, ΑΘΗΝ. *Caylus*, Recueil d'antiquités, t. 4, pag. 144, pl. XLIX, n.° 5. *Atlas d'Anacharsis*, folio 39, n.° 2. *Voyag.* t. 2, chap. 12, pag. 217.

*Thésée combattant le Minotaure.*

Sur des médailles de bronze également frappées à Athènes, on voit, d'un côté, le buste casqué de Minerve ; de l'autre, on voit Thésée debout, tenant de la main droite une massue, et saisissant de la gauche une corne du Minotaure, vu sous une forme humaine avec une tête de bœuf. Deux de ces médailles offrent à-peu-près le même type : cependant, sur l'une, le monstre est encore droit sur ses pieds ; sur l'autre, il est représenté tombant sous les coups du héros. *Caylus*, tom. 3, pag. 131, pl. XXXIV, n.° 4. *Villes de Pellerin*, tom. 1, p. 146, pl. XXII, n.os 6 et 7. *Eckhel*, D. N. V., t. 2, pag. 217.

*Orphée jouant de la lyre au milieu des animaux.*

Sur de grands bronzes frappés en Egypte

aux coins d'Antonin Pie et de Marc-Aurèle, on voit Orphée assis, jouant de la lyre au milieu d'un grand nombre d'animaux, tels que le cerf, l'ibis, le cheval, le lion, l'épervier, le faucon, le singe, le bouc, le belier, le taureau, le renard, la belette, le chien, l'ours, les serpens, et autres.

*Arcas, fondateur de l'Arcadie.*

Sur une médaille d'argent frappée à Phénéos en Arcadie, on voit Mercure marchant; il tient de la main droite son caducée, et sur le bras gauche, dans son manteau, le jeune Arcas, fils de Jupiter et de Calisto: elle porte pour légende, ΦΕΝΕΩΝ ΑΡΚΑΣ. *Villes de Pellerin*, t. 1, p. 141, pl. XXI, n.° 18.

*Taras, fondateur de Tarente.*

Sur une médaille d'argent de la ville de Tarente, on voit Taras, son fondateur, sur un dauphin : son nom est écrit de droite à gauche, ΣΑΡΑΤ. Au revers, on voit le même Taras assis, et son nom écrit à l'ordinaire, ΤΑΡΑΣ. *Atlas d'Anacharsis*, fol. 39, n.° 1. *Voyages*, tom. 2, chap. 3, pag. 60.

### *Pan, protecteur de l'Arcadie.*

Sur un médaillon d'argent d'Arcadie, on voit d'un côté la tête de Jupiter, surnommé Lycéen, du mont Lycée en Arcadie ; de l'autre, un monogramme composé des lettres grecques ΑΡΚ·, initiales du mot Arcadie ou des Arcadiens, et le dieu Pan assis sur le mont Lycée, autrement dit Olympe, dont le nom est indiqué par les lettres ΟΛΥΜ. *Atlas d'Anacharsis*, fol. 39, n.° 4. *Voyages*, tom. 4, chap. 52, pag. 274.

### *Naissance de Jupiter.*

Sur un très-grand médaillon de bronze, au coin d'Antonin Pie, on a représenté la naissance de Jupiter sur le mont Ida, au milieu des Curètes et des Corybantes, dont un l'élève emmailloté, les autres jouent de divers instrumens, et dansent à certaines mesures appelées *dactyles*, pour empêcher les cris de l'enfant de parvenir jusqu'aux oreilles de son père.

### *Antiope secourue par Thésée.*

Sur un contorniate au coin du même prince, on voit Thésée relevant Antiope, tombée de son cheval et blessée.

### *Ulysse rentrant dans ses foyers.*

Sur des médailles consulaires en argent, de la famille Mamilia, on voit d'un côté le buste de Mercure ou celui de Diane; de l'autre, on voit Ulysse paroissant sous la figure d'un voyageur, ou plutôt d'un mendiant : il s'appuie sur un long bâton, et reçoit les caresses de son chien. La marque à laquelle on peut reconnoître ce héros est le bonnet, assez semblable à celui qu'on donne à Vulcain, et même à celui des Dioscures, ayant la forme d'un œuf coupé par la moitié : c'est le type d'Ulysse que Trajan a adopté dans sa médaille restituée en l'honneur de la famille Mamilia. *Morel*, Fam. rom. pag. 258. *Eckhel*, D. N. V., Fam. cons. *Pierres gravées d'Orléans*, tom. 2, pag. 9=12. *Tabl. des fam. rom.* en arg. rest. p. Trajan du cab. de Rothelin.

### *Hector invoquant le Palladium.*

Sur un moyen bronze d'Ilium en Troade, frappé au coin de Marc-Aurèle, on voit Hector armé et debout, touchant de la main droite une colonne, sur laquelle est une statue, vraisemblablement le Palladium.

*Bellérophon tuant la Chimère.*

Sur un moyen bronze de la famille Cæcilia, on voit Bellérophon tuant la Chimère.

*Pluton enlevant Proserpine.*

Sur un grand bronze de la famille Munatia, on voit Pluton enlevant Proserpine dans un quadrige. Ce même type se voit sur un médaillon de Gordien Pie, etc.

*Junon Lucine.*

Sur un grand bronze romain au coin de Lucille, femme de Lucius Vérus et fille de Marc-Aurèle, on voit Junon assise, tenant de la main droite une fleur, et sur son bras gauche un enfant enveloppé de langes, avec cette légende, IVNONI LVCINÆ.

*Les neuf Muses, Pégase, etc.*

Sur des médailles d'argent de la famille Pomponia, on voit, 1.° la tête d'Apollon; 2.° le cheval Pégase; 3.° les neuf Muses, chacune d'elles occupant une médaille particulière, et reconnoissable aux attributs et symboles qui lui sont propres; 4.° Hercule jouant de la lyre, avec cette légende: HERCVLES MVSARVM. Le Pégase se trouve également sur les médailles de la famille Pétronia, de même que sur celles de Corinthe et sur celles d'Emporia, etc.

*La déesse Moneta.*

Sur beaucoup de médaillons et de médailles impériales, et nommément sur un moyen bronze au coin de Constance Chlore, on voit la déesse Moneta debout, tenant de la main droite une balance, et de l'autre une corne d'abondance, avec cette légende : SACRA MONETA AVGG. ET CÆSS. NOSTR.

*Vesta, déesse du feu.*

Sur un moyen bronze au coin de Caligula, est Vesta assise sur une chaise très-ornée, tenant de la main droite une patère, et de la gauche une haste : légende, VESTA.

Sur une médaille d'or au coin de Vitellius, on voit Vesta assise, tenant une lampe et un flambeau : légende, VESTA P. R. QVIRITIVM.

Sur une autre médaille d'or au coin de Sabine, est Vesta assise, tenant le Palladium et une haste : légende, VESTA. Le même type se voit au coin de Julia Domna, etc.

*Astarté, déesse des Sidoniens.*

Sur une médaille de bronze de Sidon en Phénicie, on voit Astarté debout sur un vaisseau, ou bien Astarté avec une tour sur la tête, et devant elle le soleil et la lune.

*Amphion sur le dauphin.*

Sur un as italique des Brutiens, on voit Amphion tenant une lyre et une victoire sur un dauphin.

*Le Panionium.*

Sur un médaillon grec, au coin de Trébonianus Gallus, on voit Apollon Clarius assis dans son temple, devant lequel les treize députés des villes principales de l'Ionie sont rangés circulairement; chacun tient la main droite élevée devant l'autel et une victime placés entre le temple et eux.

*Amphinomus et Anapias.*

Sur un moyen bronze autonome de Catane en Sicile, on voit les deux frères pieux Amphinomus et Anapias, emportant leurs vieux parens sur leurs épaules, et les sauvant de l'incendie occasionné par une éruption subite de l'Ætna : légende, ΚΑΤΑΝΑΙΩΝ, *Eckhel*, D. N. V., tom. 1, pag. 203.

Mais il est tems de terminer cet article; et quand je pense aux soixante noms de Jupiter, de Minerve, d'Apollon et de Diane, au nombre prodigieux de divinités adorées chez les nations, au nombre plus étonnant encore de prêtres préposés pour desservir leurs temples, aux miracles que ces prêtres attribuoient à ce peuple de dieux, et aux fêtes continuelles qui en résultoient nécessairement, je crois plus sage de renvoyer à Pausanias Græviús, Gronovius, Montfaucon, Caylus, Barthelemy, etc. que de suivre une route étrangère à une simple analyse : mais je ne croirai point sortir du sentier qui lui est propre, en continuant à exposer sous les yeux des jeunes artistes les idées exprimées par le moyen des images, c'est-à-dire, quelques-unes des médailles qui traitent de l'Allégorie.

## ALLÉGORIES.

### *L'Abondance.*

Un grand bronze frappé en Egypte, au coin d'Antonin Pie, nous offre une femme assise par terre, le coude gauche appuyé sur un sphinx, et tenant de la main droite des épis et des pavots, de la gauche un roseau; elle porte dans sa robe quantité de fruits : légende, ΕΥΘΗΝΙΑ.

*L'Age d'or.*

Une médaille d'or, au coin d'Hadrien, offre un homme drapé portant le bras droit élevé, et la main droite posée sur le dehors d'une zone dans laquelle il est debout; il tient de la main gauche le globe du monde, sur lequel est un phénix : au-dessous, SAEC. AVR.

*La Concorde.*

Une médaille d'or (que de Boze présume avoir été frappée à Tarse, métropole de la Cilicie), et représentant, d'un côté, le buste lauré, barbu et paludamenté de Pescennius Niger, avec cette légende, IMP. CAES. C. PESC. NIGER IVSTVS AVG., offre, de l'autre, la déesse de la Concorde sous les traits d'une femme debout, dont la tête est ceinte d'un diadème, et qui, levant la main droite vers le ciel, tient de la gauche deux cornes d'abondance : légende ainsi écrite, CONCORDIA. *Boze*, Acad. des belles-lettres, tom. 24, pag. 105. *Eckhel*, D. N. V., t. 7, pag. 154. *Hérodien*, *Dion*, *Spartien*, *Tillemont*, *Crévier*, *etc.*

*La Concorde des armées.*

Un grand bronze romain, au coin de Nerva, présente deux mains jointes tenant une enseigne légionnaire posée sur une proue de navire (signe de la bonne intelligence qui régnoit entre les armées de terre et celles de mer) : légende, CONCORDIA EXERCITVM.

*Concorde entre les villes d'Apollonie et de Lysias.*

Un grand bronze frappé dans une des villes portant le nom d'Apollonie, bâties dans l'Asie mineure, soit en Pisidie, soit en Carie, soit en Bithynie, en commerce avec Lysias, ville de Phrygie, offre d'un côté la tête d'Alexandre coiffée de la peau de lion, avec cette légende, ΑΛΕΧΑΝΔΡΟϹ ΚΤΙϹΤ. ΑΠΟΛΛΩΝΙΑΤ; de l'autre côté, deux figures de femme, portant sur la tête un boisseau ou une tour, debout devant un autel allumé, et se donnant réciproquement la main droite, tandis que de la gauche elles tiennent, l'une un petit Apollon, l'autre une petite Fortune ; au-dessus d'Apollon, K. Légende, ΑΠΟΛΛΩΝΙΑΤΩΝ ΛΥCΙΑΔΕΩΝ. Au bas, ΟΜΟΝΟΙΑ. *Rois de Pellerin*, p. 21, pl. II, n.° 5. *Eckhel*, D. N. V., t. 2, p. 578. *Leblond*, Mém. de l'Institut, tom. 1, sect. des Antiquités.

*Concorde entre Ephèse et Alexandrie.*

Un médaillon de bronze au coin de Gordien Pie, présente trois figures debout ; au milieu, Diane toute mamelles, la tête couverte d'un voile, et surmontée de la plante et de la fleur de lotus, les deux mains étendues, chaque bras appuyé ; à ses pieds deux cerfs qui la regardent ; à sa droite Isis, amplement drapée, la tête voilée et surmontée de cornes de bœuf et du disque de la lune, tenant de la main droite un sistre, de la gauche un vase à anse mobile, et près d'elle un croissant de lune ; à la gauche de Diane, Sérapis couvert d'un large manteau, la tête voilée et surmontée du boisseau, la main droite élevée, et tenant de la gauche un long bâton ; près de lui le soleil : au-dessous d'eux on lit, ΕΦΕCΙΩΝ Κ. ΑΛΕΞΑΝΔΡΕΩΝ. Sur leurs têtes, ΟΜΟΝΟΙΑ. Cette pièce vient du cabinet Pellerin.

*L'Espérance.*

Sur une médaille de moyen bronze, frappée en Egypte au coin de Domitien, on voit une femme représentant l'Espérance; elle tient de la main droite élevée une fleur, tandis que de la gauche elle soulève un pan de sa robe : légende, ΕΛΠΙϹ ϹΕΒΑϹΤΗ. *C. N.*

Le même type se voit sur une médaille d'or au coin d'Allectus. *Achetés à la vente de d'Ennery.*

Sur une médaille d'argent au coin d'Albin; sur une autre, au coin de Diaduménien; sur un grand bronze du même empereur, etc. *Eckhel*, D. N. V., t. 4, p. 60.

*L'Eternité.*

Une médaille d'or de Vespasien offre l'Eternité sous les traits d'une femme debout, tenant dans ses mains les bustes du soleil et de la lune; à ses pieds un autel : légende, ÆTERNITAS.

L'Eternité est figurée d'une autre manière sur de grands bronzes romains, au coin de Faustine la mère : tantôt c'est une femme tenant d'une main un globe, et de l'autre une haste; tantôt de même une femme la tête ceinte d'un diadème, ayant la main droite élevée, et tenant de la gauche un long flambeau : légende, AETERNITAS.

*La Fécondité.*

La Fécondité est représentée sur un grand bronze de Faustine la jeune, par une femme debout, tenant deux enfans dans ses bras, et en ayant deux autres à ses côtés. Un autre grand bronze de Mamée, mère d'Alexandre Sévère, présente une femme debout, tendant la main droite à un petit enfant également debout devant elle ; elle tient de la main gauche une corne d'abondance, etc. : légende, FECVNDITAS.

*La Fidélité.*

Une médaille d'argent frappée chez les Locriens d'Italie, et représentant d'un côté la tête laurée de Jupiter, sur laquelle est le monogramme NE, offre de l'autre côté une femme assise, derrière laquelle on lit ΡΩΜΗ ; elle se repose du bras droit sur un bouclier oblong, et elle est couronnée par une autre femme debout devant elle, et derrière laquelle on lit ΠΙΣΤΙΣ; dans le champ, NE : légende, ΛΟΚΡΩΝ. *Eckhel*, D. N. V., t. 1, p. 176, et t. 3, p. 249.

Sur un petit bronze de la Comagène, province de Syrie, on voit un caducée que tiennent deux mains droites jointes ensemble : légende, ΠΙΣΤΙΣ.

*La Fidélité des troupes.*

Sur un grand bronze romain au coin de Maximin, est une figure de femme debout, tenant de chaque main une enseigne militaire, et ces mots, FIDES MILITVM. Beaucoup de médailles portent ce revers.

*La Fortune.*

Un moyen bronze frappé en Egypte, au coin de Domitien, présente la Fortune debout, portant sur la tête un cippe surmonté d'un globe ; elle tient de la main droite un gouvernail, et de la gauche une corne d'abondance : légende, ΤΥΧΗ CΕΒΑCΤΗ. Ce type est très-commun sur les médailles. De plus, il y a au Cabinet des antiques plus de cinquante figurines de la Fortune. *Eckhel*, D. N. V., tom. 4, pag. 60.

*La Gaieté.*

Sur de grands bronzes romains aux coins de Marc-Aurèle, Lucille, Commode, Crispine, Didia Clara, etc. on voit la Gaieté représentée sous les traits d'une femme debout et en stole, tenant de la main droite une palme, et de la gauche une corne d'abondance : légende, HILARITAS.

*La Gloire de l'armée.*

Sur un petit bronze au coin de Constantin jeune, on voit la Gloire de l'armée représentée par deux soldats, le casque en tête, et tenant la haste et le bouclier; entre eux sont implantées deux enseignes militaires : légende, GLORIA EXERCITVS.

*L'Honneur.*

Une médaille d'or au coin de Marc-Aurèle, représente l'Honneur sous les traits d'un jeune homme debout, tenant un rameau d'olivier de la main droite, et de la gauche une corne d'abondance : légende, HONOS.

*La Justice.*

Une médaille d'argent de Pescennius Niger, nous présente la Justice sous les traits d'une femme debout, tenant des balances et une corne d'abondance : légende, IVSTITIA.

*La Libéralité.*

*La Libéralité.*

Des médailles d'or aux coins d'Antonin et de Gordien Pie, nous offrent la Libéralité sous les traits d'une jeune fille, tenant une tessère et une corne d'abondance : légende, LIBERALITAS.

*La Liberté.*

Sur un moyen bronze romain au coin de Claude, on voit une femme debout, présentant le bonnet de la liberté : légende, LIBERTAS AVGVSTA.

Sur un potin d'Egypte au coin de Galba, est une femme debout, drapée, et s'appuyant du côté gauche contre une colonne; de la main droite, elle tient une couronne et de la gauche une haste : légende, ΕΛΕΥΘΕΡΙΑ.

Sur un autre potin d'Egypte au coin du même prince, est une figure semblable, debout, drapée, et s'appuyant du côté gauche contre une colonne; de la main droite élevée, elle tient une couronne; de la gauche, elle tient une haste; devant elle, est dans le champ de la médaille une petite tasse d'usage dans les sacrifices, appelée *sympule :* légende, ΕΛΕΥΘΕΡΙΑ. *Zoëga*, p. 32, n.° 1. *Eckhel*, D. N. V., t. 4, p. 55.

*La Paix.*

Un moyen bronze frappé à Nicomédie en Bithynie, au coin d'Auguste, présente une femme debout, tenant de la main droite un caducée, la gauche appuyée sur son côté : au-dessous est écrit ΕΙΡΗΝΗ. *Mél. de Pellerin*, t. 2, pag. 7, pl. XXV, n.° 2. *Eckhel*, D. N. V., tom. 2, pag. 400.

Un potin d'Egypte frappé au coin de Néron, offre la Paix debout, tenant de la main droite un caducée, et de la gauche un casque : légende, ΕΙΡΗΝΗ. *Zoëga*, p. 23, n.° 8.

Une médaille d'argent au coin d'Allectus, présente la Paix debout, tenant un rameau d'olivier et une haste : légende, PAX AVG. *Cat. d'Ennery*, n.° 2109.

*La Paix et la Concorde.*

De grands bronzes frappés en Egypte, au coin de Trajan, représentent la Paix et la Concorde qui se donnent la main ; elles sont debout, et tiennent toutes deux les symboles de l'abondance : légende, ΕΙΡΗΝΗ ΚΑΙ ΟΜΟΝΟΙΑ. *Eckhel*, D. N. V., t. 4, p. 63.

*La Piété.*

Sur une médaille d'or de Volusien, on

voit une femme debout, élevant ses deux mains devant un autel : légende, PIETAS.

Sur un petit bronze de Postume père, on voit une femme debout, tenant deux enfans, et en ayant deux autres à ses côtés : légende, PIETAS.

*La Prescience des Dieux.*

Un médaillon d'argent, que de Boze croit avoir été frappé à Tyr, mais qu'Eckhel présume avoir été frappé à Antioche, offre d'un côté le buste lauré, barbu et paludamenté de Pescennius Niger, avec cette légende grecque, ΑΥΤΟΚρατορι ΚΑΙCΑΡι ΓΑίῳ ΠΕCΚεννιῳ ΝΙΓΡῳ Δικαίῳ (*id est, imperatori Cæsari Caio Pescennio Nigro justo.*) Au revers, est un aigle éployé posé sur une massue, avec cette légende : ΠΡΟΝΟΙΑ ΘΕΩΝ. (*Providentia Deorum*). *Boze*, Acad. des belles-lettres, t. 24, p. 112. *Eckhel,* D. N. V., t. 7, p. 157. *Hérodien, Dion, Spartien, Tillemont, Crevier, Beauvais, etc.*

*La Providence.*

Un potin d'Egypte au coin de Commode, présente une femme debout, regardant à droite, ayant la tête rayonnée, la main droite élevée, et tenant de la gauche une haste : légende, ΠΡΟΝΟΙΑ. *Rasche*, vol. P. R. pag. 194.

*La Pudeur.*

Une médaille d'or au coin d'Etruscilla, femme de Trajan Dèce, présente une femme vêtue et debout, levant son voile de la main droite, et de la gauche tenant un sceptre : légende, PVDICITIA AVG.

Un grand bronze de Crispine présente une femme assise : légende, PVDICITIA.

Un autre grand bronze de Salonine donne une femme assise, tenant de la main droite son voile, et de la gauche une haste : légende, PVDICITIA.

*La Puissance.*

Des potins d'Egypte au coin de Galba, offrent la Puissance sous les traits d'une femme debout, drapée et voilée, tenant de la main droite une petite victoire, et de la gauche un trophée : légende, ΚΡΑΤΗΣΙΣ. *Eckhel*, D. N. V., tom. 4, pag. 55.

*Le Retour à la Gloire.*

Sur un petit bronze de Constance, II on voit une figure casquée, ayant à ses pieds un bouclier, et perçant d'un coup de lance un ennemi renversé de son cheval : légende, FELIX TEMPORVM REPARATIO.

*La Santé.*

Sur de grands bronzes de Commode, on voit une femme assise, donnant à manger à un serpent, qui s'élève contre une colonne et un arbre : légende, SALVS. Hygie se trouve également sur des médailles d'or de Maximin, de Volusien, etc. et sur des médailles d'argent de Pescennius Niger et d'Albin.

*La Valeur.*

Sur une médaille impériale d'argent au coin de Galba ; sur une autre de Constance II ; sur d'autres aux coins de Gratien, de Valentinien jeune, de Théodose I.er, etc., et sur un moyen bronze de Claude II, on voit la Valeur ou la Vertu guerrière, représentée par un soldat debout, tenant une lance et un bouclier sur lequel il s'appuie : légende, VIRTVS EXERCITVS.

*L'Honneur et la Valeur.*

Sur un grand bronze de Galba, on voit l'Honneur et la Valeur debout, qui se tiennent par la main : légende, HONOS ET VIRTVS.

*La Victoire.*

Sur un moyen bronze d'Egypte au coin de Domitien, on voit la Victoire sur des armes ; elle tient de la main droite une couronne, et de la gauche une palme : légende, ΝΕΙΚΗ CEBACTH. *Eckhel*, D. N. V., tom. 4, pag. 60.

L'on remarquera facilement que quelques-unes de ces allégories sont insignifiantes ou forcées, et que, sans la légende, on ne les reconnoîtroit guère plus qu'on ne reconnoît les personnages de nos anciennes tapisseries, quand des notes indicatives ne les accompagnent pas. Il faut donc en user avec beaucoup de circonspection : mais l'allégorie étant d'un usage très-fréquent dans les arts, je crois devoir indiquer ici le Traité de l'allégorie par Winckelmann, Adisson, Sulzer, etc. en deux vol. in-8.° On ne sauroit trop en recommander la lecture.

J'avois promis au commencement de cette analyse, de la terminer en citant quelques faits historiques rapportés sur les médailles ; mais les médailles géographiques, la fondation de Rome et ses accroissemens, les voyages d'Hadrien, etc. me dispensent d'en parler ici davantage. Je dirai tout simplement deux mots des médailles d'Athènes et d'Alexandre, pour continuer ensuite le tableau de mes travaux à la Bibliothèque, à partir de l'an 6 jusqu'au 4 prairial an 8, jour où j'ai cessé d'y travailler aux frais du Gouvernement.

## Médailles d'Athènes.

Les deux cents médailles d'argent d'Athènes que possède le Cabinet national, n'offrent à la première vue qu'une répétition insipide de la tête casquée de Minerve d'un côté, et pour revers la chouette perchée sur la diota ou l'amphore, avec ces trois lettres ΑΘΕ, initiales de son nom : mais, en les examinant, on trouve dans les traits de la déesse, et dans les ornemens de son casque, des beautés qui n'échappent point à l'œil de l'antiquaire et de l'artiste éclairé. Ces médailles indiquent, pour ainsi dire, leur âge : on distingue facilement celles qui furent fabriquées dans les premiers tems, et avant Périclès, d'avec celles qui eurent cours après l'inauguration de la statue faite par Phidias. Outre les noms de la plupart de ses magistrats, c'est-à-dire, de ce qu'elle enfanta de plus illustre dans tous les genres de talens et de gloire, le revers offre encore, dans ses accessoires, une variété de tableaux qu'égalent à peine les médailles impériales, et ce qu'il y a de plus agréable sur les médailles modernes. Ces symboles appartiennent, sans doute, aux nombreuses et fréquentes colonies qu'elle envoya par toute la Grèce : je tâcherai d'en rendre compte dans l'ouvrage dont je donne ici l'extrait. En attendant, je vais en rapporter quelques-uns, qui suffiront pour donner une idée de ce que j'avance.

On y voit le Soleil dans un char à quatre chevaux ; — Diane, tenant une patère de la main droite ; — l'ornement de la tête d'Isis ; — Castor et Pollux, dont l'un tient une patère ; — une femme debout, tenant de la main droite une patère, et de la gauche une corne d'abondance ; — un vase, sur l'anse duquel est un épi élevé ; — un éléphant ; — une abeille ; — le char de la Victoire ; — Pégase ; — deux torches allumées ; — un trophée sur une galère ; — un foudre ; — un caducée ; — Esculape ; — Agathodæmon ; — un cerf ; — un carquois ;

— une ancre ; — la tête de Méduse ; — les trois Grâces ; — Jupiter foudroyant ; — Apollon assis ; — les bonnets des Dioscures ; — un fer de lance ; — la corne d'abondance ; — l'aigle de Jupiter ; — deux chouettes ; — un pavot et des épis ; — un fruit sur sa tige ; — une feuille ; — une syrène ; — le char de Cérès ; — un thyrse ; — la tête du Soleil ; — Vénus nue, relevant son voile de la main gauche, et de la droite tenant sur un support les trois Grâces ; à ses pieds, de droite et de gauche, un Amour.

### Médailles d'Alexandre.

Mais passons à l'indication des villes qui ont fait frapper des monnoies en l'honneur d'Alexandre, et dont les symboles, les initiales ou les monogrammes se trouvent joints au type le plus communément adopté sur les médailles en argent de ce prince.

La plupart des antiquaires ayant peu réussi dans leurs recherches au sujet de ces différens symboles que l'on remarque dans les médailles d'Alexandre, et le père Panel n'ayant pas été plus heureux que les autres, il étoit réservé à Pellerin d'applanir ces difficultés. Eckhel, en suivant les routes indiquées par ce savant, et y joignant, par le moyen de plusieurs renseignemens, ses propres observations, a de nouveau présenté ce systême avec l'ordre simple et naturel qui règne dans tous ses ouvrages.

Ces médailles offrent du côté communément appelé le revers, outre le type principal, c'est-à-dire, le Jupiter Aétophore, divers petits symboles ressemblant à ceux dont il a été fait mention en parlant de la ville d'Athènes. Beaucoup d'entre eux nous présentent des types reconnus pour appartenir à certaines villes, et pour servir à les désigner d'une manière positive ; de sorte qu'il est impossible de douter que ces pièces n'aient été fabriquées dans les villes dont elles portent les symboles, sur-tout lorsque souvent ces symboles sont accompagnés des initiales du nom de ces mêmes villes, au nombre d'une, deux, trois, et même quelquefois quatre lettres. Mais comme beaucoup d'autres ne présentent qu'une lettre solitaire, des monogrammes incertains et des types communs à plusieurs villes, il est impossible d'y ajouter foi. On ne s'arrêtera donc, dans la notice qui va suivre, qu'aux villes ou peuples dont les types certains, ou reconnus pour tels, se trouvent sur les médailles d'Alexandre (1).

*Acé, Ptolémaïs, Saint-Jean d'Acre.*

* Ace, en Palestine ; les lettres kouph et aïn, écrites en caractères phéniciens, tant sur l'or que sur l'argent, font aisément reconnoître cette ville. *Eckhel*, D.N.V.t. 2, aux rois de Macédoine, pag. 100. *Barthelemy*, lettre aux auteurs du Journal des Savans ; août, 1760. *Rois de Pellerin*, pag. 12, pl. II. *Mél.* 1.er, pag. 109 = 140, pl. IV, n.° 5. *Titre du 4.e et dernier Supplément. Eckhel*, D. N. V., tom. 3, pag. 423. *Villes de Pellerin*, tom. 2, pag. 233, pl. LXXXIV, n.° 2.

*Achaïa, la portion du Péloponèse, baignée par le golfe de Corinthe.*

Achaia : on pourroit rapporter ici une médaille citée par Goltzius, dans laquelle se voit le monogramme AX, ordinairement tracé sur les monnoies des Achéens ; mais comme ce renseignement se trouve également sur d'autres médailles, il n'en peut résulter qu'une conjecture douteuse.

---

(1) Elles seront marquées d'une *.

*Alexandria Troas ou Eski-Stanboul.*

* Alexandria Troas, cheval paissant; type affecté particulièrement à cette ville. Si cette médaille est ici bien placée, il ſaut qu'elle ait été ſrappée dans le tems où cette ville portoit encore le nom de Sigia; à moins que, comme le pensent quelques savans, ces sortes de piéces n'aient été fabriquées après la mort d'Alexandre. *Villes de Pellerin*, tom. 2, pag. 61, pl. LII, n.os 14 = 18.

*Antioche ou Théopolis, aujourd. Antakia.*

Antiochia, en Syrie; Pellerin attribue à cette ville les monnoies frappées au type de la lyre, du rameau ou du caducée: mais ces indications sont par trop vagues. *Pellerin*, Mél. 1, pag. 127. *Idem*, Villes, tom. 2, pag. 184, pl. LXXVI, n.os 2, 3 et suiv. jusqu'à la fin de la planche.

*Apamée, aujourd'hui Famieh.*

Apamea, en Syrie; les deux médailles que cite ici Pellerin, par rapport à la corne d'abondance et au thyrse, sont également douteuses. *Idem*, Mél. 1, pag. 129. *Idem*, Villes, tom. 2, pag. 188, pl. LXXVII, n.os 17 = 25.

*Arade, île de roche, à deux cents pas des côtes de Phénicie; ville très-peuplée.*

* ARADVS, île; il est très-certain que l'on y a frappé les monnoies qui présentent les lettres ΑΡ en monogramme, de même qu'un palmier, comme on le voit dans Pellerin: mais il y a moins de certitude en faveur de celles qui nous offrent seulement une abeille, ou l'ornement qu'on mettoit à la proue des navires. *Pellerin*, Mél. 1, pag. 125 et 126, pl. II, n.° 13. *Idem*, Villes, tom. 3, p. 29, pl. XC, n.os 1, 2 et suiv. jusqu'au bas de la pl.

*Ascalon, encore existante, mais en ruines.*

* ASCALON, en Palestine; ΑΣ, écrit dans le champ de la médaille, nous la font regarder comme fabriquée dans cette ville; car son usage étoit de marquer ainsi la plupart de ses monnoies. *Id.* Mél. 1, p. 115, pl. II, n.° 9.

*Cea ou Ceos, île voisine du Promontoire Sunium, aujourd'hui Zia.*

CEA, une des Cyclades; loup vu à mi-corps. Ce même type se trouve sur les médailles autonomes de cette ville; cependant ce renseignement est douteux, attendu qu'il se trouve aussi sur les monnoies d'Argos et d'Epidaure. *Id. ibid.* p. 132, pl. III, n.° 12.

*Chios ou Scio ; elle fit partie des villes d'Ionie.*

★ CHIVS, île ; le sphinx ailé, posé sur une amphore ou la *diota*, de même que la chouette dans les médailles d'Athènes, est le symbole constant de ce pays : il est aussi quelquefois accompagné d'un nom de magistrat. *Pellerin,* Mél. 1, p. 111, pl. II, n.° 3.

*Clazomène, aujourd'hui Vourla.*

★ CLAZOMENÆ, en Ionie ; belier ou sanglier ailé, représentés à mi-corps : ces deux symboles se voient sur les médailles autonomes de cette ville. *Id. ibid*, p. 112, pl. II, n.° 5 ; et p. 132, pl. III, n.° 11. *Id.* Villes, t. 2, p. 72, pl. LVI toute entière. *Eckhel*, D. N. V., tom. 2, pag. 510.

*Colophon, ville détruite.*

★ COLOPHON, en Ionie ; son type est une lyre, avec les lettres ΚΟΛΟ. *Eckhel,* D. N. V., tom. 2, pag. 511. *Villes de Pellerin*, tom. 2, pag. 73, pl. LVII, n.os 28 — 31.

*Corinthe, aujourd'hui Corito.*

CORINTHVS, en Achaïe ; Pégase volant, avec les deux lettres ΚΟ. Si cette pièce, citée par Goltzius, est authentique, elle ne peut appartenir qu'à Corinthe.

*Cos, aujourd'hui Stan-Co.*

* Cos, grande île, au-devant d'Halicarnasse et du golfe Céramique; c'est vraisemblablement à la ville qui y fut bâtie, et qui portoit le même nom, qu'appartient une médaille du Muséum de Vienne, et sur laquelle on lit ΚΩΙ; du moins c'est le sentiment d'Eckhel.

*Cyme, aujourd'hui Nemourt.*

* Cyme, en Æolide; la forme particulière du vase à une seule anse, et tel, qu'il n'y avoit que cette ville qui les fabriquât ainsi, sert, de reste, à la reconnoître. *Pellerin*, Mél. I, pag. 131, pl. III, n.° 8.

*Dardànus; le nom des Dardanelles en dérive.*

Dardanvs, en Troade; le coq, qui est aussi sur ses médailles autonomes, indique l'endroit où cette pièce a été frappée: cependant ce même type se trouve sur les monnoies de Cariste dans l'île d'Eubée. *Id. ibid*, pag. 132, pl. III, n.° 13.

*Ephèse, aujourd'hui Aiosoluc.*

EPHESVS, en Ionie; cette ville prend pour symbole ordinaire une abeille : mais Arade ayant usé du même type, elle nous jette dans de nouvelles incertitudes. *Pellerin*, Mél. 1, pag. 126, pl. II, n.° 14.

*Erythræ, aujourd'hui Erethri.*

★ EPYTHRAE, en Ionie; une massue, un arc joint à un carquois, et de plus, les lettres EPY, désignent cette ville d'une manière satisfaisante : ses médailles autonomes nous offrent les mêmes symboles. On sait qu'il y eut une autre Erythræ en Bœotie; mais il est vraisemblable que les pièces citées ici appartiennent plutôt à l'Erythræ d'Ionie, parce que la plupart de ses villes consacrèrent à Alexandre de semblables monnoies. *Id. ibid.* pag. 111, pl. II, n.° 1.

*Eubœe, aujourd'hui Negrepont.*

EVBOEA, tête de bœuf, et EY. Goltzius en fait mention : ce type est celui de ses médailles autonomes.

*Lampsacus, aujourd'hui Lamsaki.*

★ LAMPSACVS, en Mysie; cheval marin. On voit

voit le même type sur ses médailles autonomes ; quelquefois, outre le cheval marin, on trouve une torche allumée et un Λ. Eckhel classe au nombre des médailles de Lampsaque toutes celles qui offrent un pareil type ; au lieu que Pellerin les renvoie toutes à Amphipolis de Macédoine. De plus, M. Cousinery assure que l'on trouve très-fréquemment en Macédoine des Tetradrachmes, dans le champ desquels est une torche semblable : nous reviendrons bientôt sur un autre type de Lampsaque. Cette ville de l'Asie mineure, à l'entrée de l'Hellespont, étoit autrefois célèbre par ses bons vins : c'est pourquoi Xerxès la donna à Thémistocle, afin qu'elle lui fournît le vin de sa table. *Pellerin*, Mél. 1, p. 132, pl. III, n.° 14. *Villes*, t. 2, p. 51. *Rois*, pag. 14.

*Laodicée, aujourd'hui Ladikieh.*

LAODICEA, en Syrie, qui étoit une ville phénicienne avant d'être une ville grecque, comme elle le devint par une nouvelle construction sous Séleucus Nicator. Pellerin lui attribue les pièces sur lesquelles se trouvent un scorpion et une chouette. *Pellerin*, Mél. 1, pag. 128, n.os 1 et 2.

*Leucas, ville détruite.*

Levcas, dans l'Acarnanie; l'acrostole ou l'ornement qu'on voyoit à la proue des vaisseaux, et les lettres ΛΕΥ, donnent à penser à Goltzius, que toutes les pièces qui les ont pour type appartiennent à cette ville.

*Magnésie, aujourd'hui Guzelhisar.*

* Magnesia, en Ionie; le cours tortueux du Mæandre et les lettres MA, de même que la tête de cheval, et l'indication de ce même fleuve, appartiennent à cette ville et la font reconnoître. *Pellerin*, Mél. 1, pag. 121, pl. II, n.os 10 et 12.

*Methymne, aujourd'hui Porto-Petera.*

* Methymna, dans l'île de Lesbos; la lyre et ME sur les unes, sur d'autres, Arion porté par le dauphin, sont des signes d'autant plus indicatifs de cette ville, que ses médailles autonomes les offrent également. *Id. ibid.* pag. 113, pl. II, n.os 6 et 7.

*Milet, ville détruite.*

* Miletvs, en Ionie: cette ville offre un type très-reconnoissable; c'est un lion marchant de droite à gauche, et regardant, la

tête tournée sur l'épaule, un astre placé au-dessus de lui; d'ailleurs, le nom de la ville y est désigné par le monogramme MI. *Id. ibid.* pag. 131, pl. III, n.° 9.

*Mylasa, aujourd'hui Marmara.*

* MYLASA, en Carie; le monogramme MY, et le trident qui sont dans le champ de la médaille, semblent désigner particulièrement la ville de Mylasa. *Id. ibid.* pag. 114, pl. II, n.° 8. *Id.* Méd. de villes, t. 2, pl. LXVII, n.° 41.

*Myrina, aujourd'hui Palio-Castro.*

* MYRINA, dans l'île de Lemnos; le vase à deux anses, surmonté du monogramme ou des lettres détachées MYPI, prouvent que ces pièces appartiennent à cette ville. *Id. ibid.* pag. 130, pl. III, n.os 6 et 7.

*Pella, aujourd'hui Palatisa.*

* PELLA, en Macédoine; ville célèbre par la naissance d'Alexandre. On y voit Pallas lançant de la main droite le javelot, et de la gauche, la foudre; du moins c'est le sentiment de Neumanne, parce que la Macédoine et la Thessalie rendoient à Pallas des hommages particuliers sous ce costume.

*Priapus, aujourd'hui Caraboa, à l'entrée de la Propontide.*

PRIAPVS, en Mysie; on y voit le terme de Priape, avec la désignation précise de cette divinité. Il n'est pourtant pas certain que ce symbole indique plus particulièrement Priapos que Lampsaque; et cette dernière ville mériteroit peut-être la préférence pour les honneurs extraordinaires qu'elle lui rendoit. *Pellerin*, Mél. 1, pag. 132, pl. III, n.° 15.

*Priena, en face de l'île de Samos.*

* PRIENE, en Ionie; reconnoissable au trident et aux lettres ΠΡΙ. ΒΙ qu'on voit sur ses médailles. *Villes de Pellerin*, tom. 2, pag. 78.

*Rhodes, en face de la Carie.*

* RHODVS, île; le symbole de celle-ci n'est point équivoque. Les lettres ΡΟ, la rose en calice, et les noms de plusieurs de ses magistrats, la font aisément reconnoître. *Pellerin*, Mél. 1, pag. 111, pl. II, n.° 2.

*Seleucie, près de l'embouchure de l'Oronte.*

SELEVCIA, dans la Piérie, qui faisoit partie de la Syrie. Pellerin rapporte à cette ville une médaille sur laquelle on voit un foudre, parce qu'il en étoit le symbole, et qu'il y étoit même révéré comme une divinité : mais cette conjecture est très-douteuse. *Pellerin*, Mél. 1, p. 129, pl. III, n.° 5.

*Smyrne, aujourd'hui Ismir.*

Smyrna, en Ionie. Pellerin s'est contenté de la représentation d'un bœuf avec une bosse au-dessus du dos, près des épaules, telles que les portent les deux bœufs attelés au char de Cérès, sur le médaillon de bronze de la ville de Tralles, dont j'ai ci-devant parlé, et que l'on voit dans le 2.e Supplément de Pellerin, pl. IV, n.° 6, et à la page 68 du premier volume des Pierres gravées d'Orléans, pour attribuer cette médaille à la ville de Smyrne : mais ce type lui est commun avec plusieurs villes de l'Asie; et, pour rendre la chose plus authentique, il faudroit y trouver le monogramme qu'elle avoit adopté. *Id. ibid.* pag. 112, pl. II, n.° 4.

*Tarse, sur le Cydnus, près le mont Taurus, aujourd'hui Tarsona.*

* Tarsus, en Cilicie. Eckhel donne à cette ville, et d'aprés des raisons qu'il détaille dans son ouvrage, un type qui

représente une tête jeune, coiffée d'un casque, terminé par une proue de navire.

*Tenedos, en face de la Troade.*

Tenedos, île. Eckhel attribue à cette île une médaille sur laquelle est une souris, parce qu'Apollon étoit particulièrement révéré à Tenedos sous le titre de Sminthius, ainsi appelé de Σμίνθα pour avoir délivré la ville de Smintha des souris dont elle étoit infestée. On lui rapporte également celles où se trouve la hâche à double tranchant, type assez commun sur les monnoies de cette île.

*Téos étoit une ville ionique sur la mer Egée, dont on connoît le port sous le nom de Sigagik.*

Teos, en Ionie; le vase à deux anses, avec les lettres THI, appartient très-certainement à cette ville. La médaille que Pellerin lui attribue, par rapport au type du griffon, offre moins de certitude, attendu qu'il se trouve également sur les monnoies d'Abdère, de Phocée, d'Assus et de Smyrne.

En donnant la liste des villes sur les monnoies desquelles on peut trouver des renseignemens capables de satisfaire, Eckhel ne parle qu'en passant des autres attributs, tels que croissans, grappes de raisin, caducées, couronnes, charrues, tridents, casques, etc, de même que de certains monogrammes vagues ou peu aisés à déchiffrer; parce que ces types se trouvant sur un très-grand nombre de villes, ils n'offrent que des signes illusoires, à moins qu'ils ne soient accompagnés de quelques-unes des lettres initiales de la ville à laquelle on croit qu'ils ont rapport, comme il a été aisé de le voir dans la plupart de celles dont il a été fait mention précédemment.

Eckhel fait ensuite les réflexions qu'on va lire. Je répète, dit cet antiquaire, les mêmes observations que j'avois faites jadis sur le même sujet. — Jusqu'à présent il est très-incertain que la Grèce européenne, ou quelques-unes des îles qui étoient censées lui appartenir, aient fait frapper des monnoies de ce genre, ou que nous devions ajouter quelque foi à celles que divers auteurs nous ont dit en provenir ; car si les médailles, précédemment désignées pag. 174, 176 et 178, comme appartenant à Corinthe, Eubœe et Leucas, réunissent le double avantage des lettres initiales et des symboles qui leur sont propres, ne se trouvant dans aucun autre recueil que celui de Goltzius ; cet écrivain ne jouit pas d'assez de confiance, pour croire à leur authenticité sur son seul témoignage : quoiqu'il soit hors de doute que la Macédoine, et à son exemple, beaucoup de villes de l'Asie aient fait frapper, sous les mêmes auspices, un très-grand nombre de pièces, il n'en est cependant parvenu aucune jusqu'à nous, que l'on puisse, d'après des indices certains, attribuer à la Macédoine. Ceci s'entend seulement de celles qui représentent, d'un côté, la tête d'Hercule, et de l'autre, Jupiter Aétophore, et qui sont d'argent.

Eckhel observe ici, qu'il résulte de sa correspondance avec M. Cousinery, lequel avoit long-tems habité la Macédoine, et avoit joint à des études réfléchies, une parfaite connoissance des lieux, qu'il peut avancer comme constant, que les Tetradracchmes d'Alexandre, que l'on trouve en Macédoine par le moyen des fouilles, sont plus épais, et d'une main-d'œuvre bien moins délicate que ceux frappés dans les villes de l'Asie mineure, lesquels sont d'un plus grand module, et d'un genre de travail où président la grâce et le goût.

Les médailles, que l'on peut avec certitude attribuer à un lieu déterminé, ont été frappées, à partir de la Propontide, où l'Hellespont ( aujourd'hui le détroit des Dardanelles ), s'élargissoit, et qui prend maintenant les noms de mer de Marmara ou de mer Blanche, suivant les côtes de l'Asie mineure, celles de la Palestine et quelque portion de celles de la Syrie, y compris quelques îles peu éloignées, dans les villes, ou situées sur le bord de la mer, ou censées maritimes, ou peu enfoncées dans l'intérieur des terres.

Des villes bâties sur les côtes du Pont-Euxin ( aujourd'hui la mer Noire ), il n'a été découvert aucune médaille, et généralement les villes soumises aux rois de Pont, de Bithynie et de Pergame, n'en fournissent point, ni celles plus avancées dans les terres, malgré la réputation dont elles jouissoient alors, comme Sardes, Tralles, Laodicée et Apamée de Phrygie; mais aucun peuple ne porta plus loin ses témoignages d'estime envers Alexandre que les Ioniens;

car on a trouvé des monnoies au coin de ce prince, frappées avec le symbole de toutes les villes dont il nous reste des médailles, si on en excepte Ephèse et Phocée, dont les médailles relatives à Alexandre nous paroissent suspectes, et Lebedus qui fut détruite par Lysimaque; et certainement tous les habitans de ces côtes d'Asie durent s'attacher à Alexandre par les bienfaits dont il les combla. Il entretenoit une corespondance suivie avec les colonies grecques, qui eurent presque toujours à soutenir des guerres opiniâtres contre les Perses; guerres dont les suites s'étendirent jusqu'en Europe, où, à deux époques différentes, on eut à soutenir tout le choc des armées de ces peuples : et comme le rapprochement et d'anciens traités faisoient des Ioniens et des Lydiens, pour ainsi dire, un même peuple, ces deux nations, et sur-tout les Ioniens, voyoient dans Alexandre leur libérateur, et l'invoquoient pieusement comme une divinité. Ce culte se répandit et se perpétua tellement, que cinq cent trente-deux ans après sa mort, Julie Mamée étant venue faire ses dévotions à Arcé en Phénicie, dans un de ses temples, y mit au monde un fils qu'elle lui consacra, et que nous classons parmi les bons Empereurs romains, sous le nom de Sévère Alexandre. Je renvoie à Eckhel lui-même, pour en savoir davantage sur cette intéressante matière, et je reprends la continuation du récit de mes occupations journalières à la Bibliothèque.

*Talisman de Catherine de Médicis.*

En vendémiaire an 6, je déposai au Cabinet des médailles, une copie en bronze du talisman magique et superstitieux de Catherine de Médicis. L'original qu'elle portoit toujours sur elle avoit été fait par Regnier, fameux mathématicien, qui passoit pour magicien, et en qui elle avoit beaucoup de confiance. Ce fut par son conseil qu'elle fit construire, au lieu où est aujourd'hui la halle au blé, cette belle colonne qui s'y voit encore toute entière; elle y alloit souvent avec lui pour observer les astres.

On prétend que, par le moyen de ce talisman, elle se flattoit de gouverner souverainement, et de connoître l'avenir; qu'il étoit composé de sang humain, de sang de bouc et de plusieurs sortes de métaux fondus ensemble, sous quelques constellations particulières qui avoient rapport à la naissance de cette princesse.

Ce talisman, qui fut trouvé et cassé après sa mort, arrivée à Blois le 5 janvier 1589, étoit depuis long-tems au Cabinet, renfermé dans une boîte d'ivoire faite exprès pour le maintenir : sa mauvaise conservation donne quelque mérite à la copie dont je viens de parler.

*Pierres gravées d'Augny.*

Ce fut en floréal que le C.en Barthelemy acheta à la vente du C.en d'Augny, pour la somme de trois mille francs, neuf pierres gravées montées en bague, et portant, au catalogue, les n.os ( 82 ), indicatif d'une chalcédoine ronde, sur laquelle est gravée en creux une figure debout, tenant un cercle et une espèce de raquette ; ( 84 ) une sardoine représentant Hercule à genoux, tuant à coups de flèches les oiseaux de Stymphale ; ( 89 ) un onyx nicolo, représentant le dieu *Bonus Eventus*, avec le mot ΓΝΑΙΟΥ, nom d'un artiste grec ; ( 101 ) une cornaline avec grenetis, offrant un prêtre étrusque devant un vase ; ( 102 ) une agate blanche avec grenetis, sur laquelle est gravé Tidée blessé, avec son nom en caractères étrusques ; (103) un scarabée cornaline avec grenetis, représentant sur la base ou le plat, une figure étrusque, sautant par-dessus des épées nues : cette pierre est gravée dans les antiquités de Caylus, t. 3, p. 81, pl. XXI, n.° 4 ; (104) une sardoine représentant Pan et Vénus, avec cette inscription, ΠΑΝΑΙΟΥ ΑΦΡΟΔΙΤΗ ; (106) une cornaline avec grenetis, représentant une figure étrusque, assise devant un trépied, et tenant sur ses genoux une tablette, sur laquelle sont gravés des caractères étrusques : dans le champ sont plusieurs lettres de la même langue ; (136) une sardoine à deux couches, représentant une tête d'Isis, en relief et de face.

*Douze Florins d'or.*

On acheta en prairial, pour la somme de cent quarante-cinq francs soixante-dix centimes, douze florins d'or, dont un de France, cinq de Florence, deux portant le nom d'Albertus, et quatre autres à revoir ; ils sont destinés à entrer dans les suites respectives des monnoies modernes.

### *Médaillon bracté de Gordien Pie.*

On fit, en messidor, l'acquisition d'un médaillon de Gordien le Pieux, composé de deux grandes pièces d'argent bractées, du diamètre d'une pièce de six francs, attachée au milieu d'un grand médaillon de bronze à bordures, de cinq centimètres de diamètre. On y voit, d'un côté, le buste de Gordien, couronné de laurier et en habit militaire, avec cette légende : IMP. GORDIANVS PIVS FELIX AVG. De l'autre côté est l'empereur à cheval, précédé à droite de la Victoire, qui tient une couronne ; près de lui à gauche, Rome suit en habit militaire ; derrière sont trois guerriers portant, celui du milieu, l'aigle d'une légion, et les deux autres chacun une enseigne militaire : légende, PROFECTIO AVG. ; le centre est emporté. Ce médaillon provient du Cabinet de d'Ennery, et fut acheté à sa vente par le C.en Heaumont, dont il a été parlé, p. 33, de même que tous les autres médaillons d'argent et de potin de la suite impériale. *Cat. d'Ennery*, p. 299, n.° 1008.

*Médailles en argent de Duvivier et de Barthelemy.*

Dans le même mois, le C.en Duvivier fit don au Cabinet de deux médailles d'argent, frappées sur des poinçons de sa composition, et représentant, l'un, Jean Duvivier son père, l'autre, Jean-Jacques (abbé) Barthelemy, garde du Cabinet des médailles, depuis 1754 jusqu'en floréal de l'an 3 (1795 v. s.), époque de sa mort.

En thermidor, on enleva du secrétariat de la Bibliothèque nationale diverses armures à l'usage de nos anciens chevaliers, pour être transportées rue S. Dominique, maison qu'occupoient les Jacobins, et servant aujourd'hui au dépôt de l'artillerie, confié à la garde du C.en Regnier.

*Monumens d'Italie.*

Nous ne saurions mieux terminer cette année, que par un exposé succinct de ce qui enrichit le Cabinet des antiques, lors de la répartition des nombreux et précieux monumens apportés d'Italie. Son lot consiste,

1.° *Testament d'Epicteta.*

Dans une inscription grecque apportée

de Vérone, renfermant sur quatre dales de marbre, d'environ cinquante centimètres de haut, sur soixante de large l'une portant l'autre, et en huit colonnes, le testament d'Epicteta, C.ne de Sparte, fille de Grinnos, veuve de Phœnix, qui, pour satisfaire aux dernières volontés de son mari et de son fils aîné, ordonna l'établissement d'un Musée, orné des statues et des cénotaphes de la famille. Ledit testament fait de l'avis de tous les parens mâles et du consentement d'Epitélia, fille de Pœnix et d'Epicteta, sous l'éphorat de Phæbotele et de ses collègues. Ce testament, rapporté par Gruter dans le recueil de ses inscriptions, l'est plus amplement encore par Maffey, dans son Muséum Veronense, depuis la page 14 jusqu'à la page 29, où l'on peut le lire dans les propres caractères de l'inscription, en grec cursif, en latin et en italien.

2.° *Monument en l'honneur de Baton.*

Il consiste dans une inscription grecque sur porphyre, qui, quoique fragmentée dans son commencement, n'en indique

pas

pas moins clairement, qu'après avoir décerné une couronne, et donné plusieurs autres gages de la satisfaction publique à Baton, il est enfin décrété que son image sera placée dans le lieu le plus apparent du gymnase dont il est le chef, en reconnoissance de ses éminens services, et pour servir d'encouragement à ceux qui embrasseroient la même carrière.

### 3.° *Diptyques d'ivoire.*

En deux diptyques d'ivoire, ou couvertures de diplomes, envoyés par les empereurs du bas-empire, aux gouverneurs des provinces. Comme l'ancienne France ecclésiastique suivoit à-peu-près les mêmes divisions que les gouvernemens de l'empire romain, quelques-uns de ces diptyques se sont conservés dans les diocèses, ayant servi, par suite de tems, à renfermer le tableau chronologique des prélats et de leurs chapitres : c'étoit ainsi que nous possédions déjà un diptyque d'un consul inconnu, parce que la première partie en est perdue, lequel a été rapporté par Ducange dans sa Dissertation sur les médailles des empereurs de Constantinople ; et par Gori, t. 2, pag. 169, pl. 11. Cet ouvrage a pour titre : Ant. franc. *Gori, Thesaurus veterum diptychorum consularium et ecclesiasticorum, cum præfacionibus J. B. Passeri. Florentiæ*, 1759, 3 vol. in-fol. n.° de la Bibliothèque, J. 921.

4.° *Pied de Calice en or.*

En un calice d'un travail gothique, très-léger, en or et en filigrane, représentant à sa poignée un oratoire. Il est bon d'observer que le calice par lui-même est d'un verre bleu très-commun, et que je ne parle que de son pied.

5.° *Couverture de missel en vermeil.*

Dans la couverture d'un missel, représentant en ronde-bosse une Descente de Croix et une Gloire ; ladite couverture enrichie d'ornemens précieux, et dans la couverture d'un évangéliaire, enrichi de camées empruntés de la Fable et de l'Histoire.

6.° *Couronnes de rois Lombards.*

En deux couronnes d'or de rois Lombards ; princes qui occupèrent l'intervalle entre la destruction de l'empire romain en Italie, et son renouvellement dans la personne de Charlemagne.

Enfin, en beaucoup d'autres objets classés comme ils le devoient être, mais peu dignes d'être mentionnés.

*La Madone de Lorette.*

L'an 7 de la République commença ses travaux par la réception de la Madone de Lorette, apportée par les C.[ens] Bréa et Naigeon (1), membres du conseil de conservation des monumens. Cette statue, de bois de cèdre, recouverte de lin, portant plusieurs couches de différentes couleurs, et représentant la Vierge debout, tenant Jesus dans ses bras, a de hauteur environ quatre-vingt-dix centimètres : son authenticité est constatée par les cachets du général en chef de l'armée d'Italie ( Bonaparte ), que l'on y aperçoit en plusieurs endroits.

*Objets achetés à la vente du C.[en] Chaupy.*

Peu de jours après, fut dépensée la somme de trois cent soixante-trois francs, pour objets achetés à la vente du C.[en] Chaupy, et por-

(1) Je cite avec plaisir ces deux artistes, de même que les C.[ens] Paris, Candelon, Bonnin et Ridel, dont les fréquentes visites au Cabinet prouvent les connoissances et le goût.

tant au catalogue les n.os ( 10 ) indicatif de deux petites marmites de bronze, accouplées, dont l'une n'est portée à droite que sur un pied, et l'autre à gauche sur deux ; ( 15 ) indicatif de neuf vases de terre antiques, dont sept étrusques de moyenne et petite hauteur ; ( 17 ) et ( 18 ) faisant mention de trente-quatre inscriptions en marbre, entières ou fragmentées ; de briques antiques, dont quelques-unes avec des légendes ; d'un tuyau de plomb avec inscription, et de plusieurs autres objets de peu de conséquence.

*Pierres gravées du cabinet du Pape.*

Le 12 pluviôse, il fut fait inventaire de pierres gravées et autres objets, provenant du cabinet du Pape ; le tout apporté par le C.en Berthier, frère du général. Ces objets consistent, 1.° en une topaze oblongue, représentant un Bacchus indien, en pied ; 2.° en une cornaline oblongue, présentant deux scarabées affrontés, portant à leur base, ou sur le plat, une divinité Panthée, ornée des attributs d'Isis, de la Victoire, de la Santé, de la Fortune et de la Pudeur ; 3.° en une tête de Jupiter Sérapis, enchâssée dans un reliquaire, et représentant une sainte face; 4.° en plusieurs aigues-marines, offrant divers sujets tirés de la Fable et de l'Histoire; enfin, en plusieurs têtes de Méduse en agate : lesdites têtes informes et de la plus chétive conservation.

*Tête de Jupiter, porte égide.*

Je ne puis abandonner la montre dans laquelle sont renfermés ces articles, sans parler de la tête de Jupiter Ægiochus, vue de trois quarts, en cacholong, sur un fond de sardoine, et d'environ sept centimètres de diamètre. Ce chef-d'œuvre de l'art, au-dessus de tout éloge, et qu'il ne m'appartient pas d'analyser, fut trouvé à Ephèse (Aiosoluc) il y a quelques années, et donné à la République française par un sénateur vénitien, quatre ans après sa découverte : il a été très-heureusement moulé, et le public est toujours à même d'en avoir des soufres et des plâtres.

*Urne de porphyre apportée d'Aix.*

Le 30 pluviôse, le chef de la 5.e division de l'instruction publique annonça qu'il étoit prêt à remettre un vase de porphyre, ayant servi jadis d'urne cinéraire; une bulle d'or, et autres antiquités apportées d'Aix par le C.en Gibelin. Ces objets étant depuis longtems exposés sur le grand bureau du Cabinet des médailles, et le C.en Gibelin en ayant suffisamment rendu compte dans le tems, je crois inutile d'en parler ici plus amplement.

*La Table Isiaque.*

Le 20 germinal, le ministre de l'intérieur écrivit au conservatoire de la Bibliothèque, pour que l'on eût à venir prendre chez lui la table Isiaque, envoyée de Turin en ventôse précédent.

Elle est ainsi nommée de la déesse Isis, dont la figure occupe le milieu; elle est de cuivre incrusté en argent. Ce précieux tableau de la mythologie égyptienne, peut avoir été composé, soit à Alexandrie, soit à Rome, dans le premier ou deuxième siècle de l'ère vulgaire : elle a successivement appartenu aux Papes, au cardinal Bembo, aux ducs de Mantoue et aux rois de Sardaigne.

Les auteurs qui en ont parlé, sont Æneas Vicus, Pignorius, Jean-Georges Herward de Hohembourg; Montfaucon, tom. 4; Jablonski, *Spec. nov. expl. tabulæ bembinæ*; et Caylus, tom. 7, pag. 34, jusques et compris la page 119 de son Recueil d'antiquités: le P. Kircher en a aussi parlé.

En face de cette table, exposée sur un pupitre à une des extrémités du grand bureau, est sous verre et encadré, un dessin à la plnme qui la représente : il est très-soigneusement exécuté, et fut donné en présent à la République par le comte de Balbo, au nom du roi de Sardaigne, environ deux ans auparavant.

*Objets apportés du Piémont.*

Le 6 prairial, le C.en Legrand, architecte, commissaire du Gouvernement en Piémont, remit entre les mains des conservateurs l'état des objets qu'il avoit colligés, et qui consistent;

1.° *Momies.*

En plusieurs momies d'enfant, dont une très-bien conservée, et couchée dans une caisse de bois d'acajou, à couvercle de glace, et en quelques autres antiquités égyptiennes, étrusques, etc.

2.° *Plats et Patères d'argent.*

En divers petits plats et patères d'argent, ayant servi chez les Grecs ou chez les Romains, aux fêtes de Bacchus.

3.° *Trépied antique de bronze.*

En un beau trépied antique en bronze, et passablement bien conservé, de la hauteur de quatre-vingt centimètres : et comme les antiques servent à expliquer les antiques, ce trépied a fait reconnoître beaucoup de fragmens de bronze que possédoit le Cabinet depuis long-tems, et qui firent partie jadis de semblables trépieds.

4.° *L'inscription d'Industria.*

En une table de bronze encadrée de même métal, le tout de la hauteur de soixante-cinq centimètres, sur cinquante-cinq de large, et portant une inscription latine, dont Ricolvus et Rivautella ont donné une explication, ayant pour titre : *il Sito dell' Ant. città d'Industria*, in-4.° ; Turin, 1745.

## *Annalyse de la Dissertation composée en italien par Rivautella.*

Voici l'analyse que dans le tems je fis de cette inscription sous les ordres du citoyen Barthelemy. Notre auteur commence par établir que l'ancienne ville d'Industria, citée deux fois par Pline, et mal-à-propos confondue par les commentateurs et les géographes avec la ville de Casal, capitale du Montferrat, est bien plutôt la paroisse actuelle de Saint-Jean-Baptiste de Lustria, située à seize milles de Turin, sur la rive droite du Pô; d'autant plus que, dans quelques éditions de Pline, on lit, au lieu d'Industria, le mot Illustria, et que d'ailleurs le vrai nom de cette ville peut avoir été défiguré par corruption de tems.

Il ajoute que le Pompée, au bon génie et aux vertus duquel le collége des prêtres pastophores d'Industria dédie, comme au protecteur de leur ville, cette inscription, peut fort bien être un rejeton de quelque famille adoptée par les Pompées, comme aussi l'usurpateur d'un nom célèbre : ce qui n'est pas rare sous les empereurs.

Il dit que Lucius Pompéius, fils de Lucius

Herennius, étoit de la tribu piémontoise Pollia; ce qui est indiqué par les trois lettres *Pol;* l'autre tribu étant la Stellatina.

Qu'il étoit chevalier romain, et de plus, conservateur des deniers publics; ce qui dénote un grade militaire : qu'il étoit intendant des revenus et des vivres de la ville, de même que des contributions.

Qu'en joignant les deux mots *alim*, *ædil*, cela pourroit s'entendre d'un chef d'hôpitaux ou du juge, à qui il appartenoit de connoître des différends survenus entre les pères et les enfans pour droit d'alimens.

Qu'il étoit chargé de la levée des tributs; et que, pour cette raison, il prenoit le titre de *Curator kalendariorum*, parce que, dans les calendriers publics, ces jours étoient indiqués comme le dernier terme affecté aux débiteurs.

Cette inscription finit par le titre de protecteur de la ville, décerné à Lucius Pompéius; cela n'est pas étonnant, puisqu'il étoit duumvir : ce qui revenoit, à l'égard des provinces et des colonies, au titre de consul à Rome, et que d'ailleurs il étoit revêtu de toutes les autres magistratures.

Sur le cadre est écrit au bas, *T. Græ.*

*Trophimus fac* : ce qui semble indiquer que cette inscription étoit sur la base d'une statue érigée en l'honneur de Lucius Pompéius, et que *Titus Græcus Trophimus* fut l'artiste chargé de ce monument.

5.° *Armures chinoises.*

En costumes de différens pays, et nommément en deux armures chinoises de vieux laque, ayant servi, comme le trépied de bronze ci-devant mentionné, à faire reconnoître l'authenticité de deux autres armures provenant de l'ancien garde-meuble, et parfaitement semblables.

6.° *Fetfa et armes orientales.*

En armes orientales, fruits d'une victoire remportée par Emmanuel, duc de Savoie, sur un général turc, qui portoit avec lui le *fetfa*, ou diplome du grand-seigneur, qui le mettoit en fonction : ledit *fetfa* est renfermé dans une bourse de soie.

*Médaillier du Vatican.*

Le 8 thermidor, le Conservatoire de la Bibliothèque nationale reçut, de l'administration du Muséum central, vingt-six caisses arrivées d'Italie, dont vingt-une étoient destinées au Cabinet des médailles, et cinq aux divisions des livres et des estampes.

Les vingt-une caisses ayant été ouvertes, on reconnut qu'elles contenoient cinquante-six médailliers, conformément à la note sommaire que les commissaires des arts en Italie avoient précédemment envoyée au Directoire exécutif, et dont copie collationnée avoit été déposée au secrétariat de la Bibliothèque par arrêté du Directoire, du 24 prairial an 6. Cinquante-deux de ces médailliers sont en forme de boîtes portatives, en bois satiné et d'acajou, contenant des tablettes de bois, percées, et propres à recevoir autant de médailles qu'il y a d'ouvertures; les médailles y sont assujetties dans des cercles de cuivre doré, mobiles et tenant à une tige qui permet de tourner un rang de médailles, et d'en présenter alternativement les titres et les revers.

Chacun de ces médailliers est orné des armes de Pie VI et d'une plaque de cuivre doré, sur laquelle est gravée l'indication de la suite de médailles qu'il contient (1).

(1) On vérifia, dans la même journée, ces diverses

Les quatre autres médailliers, dont deux de soixante centimètres, et deux de quarante-cinq de hauteur, fermant à deux vantaux et à clef, sont dans la forme ordinaire à ces sortes de meubles, et à placage de bois des Indes.

*Médaillons du cardinal Albani.*

Le premier, qui du cardinal Albani a passé dans les mains de Clément XII, dont il porte les armes en métal doré, contient la suite des Empereurs romains en médaillons de bronze, au nombre d'environ trois cent vingt.

*Médaillons du cardinal Carpegna.*

Le second, qui de chez le cardinal Carpegna passa dans le Musée de Benoît XIV, dont il porte aussi les armes, contient une autre suite de médaillons semblables, au nombre d'environ cent soixante-dix.

---

suites; le nombre et la matière des médailles se trouvèrent conformes à la note sommaire ci-dessus mentionnée, excepté qu'aux n.os 16 et 17, faisant partie des médailles modernes, et renfermant la suite d'or de Marie-Thérèse d'Autriche, je trouvai cent huit médailles, quoique la note sommaire n'en indiquât que quatre-vingt-dix-huit.

*Médaillier de la reine Christine.*

Les deux plus grands, ornés des armes de Clément XIV, en cuivre doré, contiennent les médailles des Empereurs romains, celles des familles, des villes, des rois et des peuples; de très-grande, première, moyenne et petite grandeurs, en argent et en bronze, au nombre d'environ trois mille deux cent cinquante. Ces médailles formoient le cabinet de la reine Christine (1).

---

(1) Les cinquante-deux susdites boîtes ne fermant qu'avec une coulisse, et les quatre médailliers ayant beaucoup souffert, il étoit instant de les déposer dans un lieu sûr. La richesse de la matière et l'importance des objets qu'ils contenoient, n'admettoient aucun retard : je consacrai donc les deux jours suivans, quoique fêtes nationales, à cette occupation; et, malgré la multiplicité des monumens dont le Cabinet des médailles étoit presque rempli, sans en soustraire aucun, je sus y faire entrer ces cinquante-six nouveaux articles, de manière qu'il en résulta deux avantages dignes de remarque; le premier, c'est que les curieux purent en jouir dès le 3 de la décade suivante; le second, qu'ils furent toujours sous notre main lors des confrontations et insertions qu'ils devoient nécessairement occasionner.

## MÉDAILLES ANTIQUES.

Je vais à présent donner un léger aperçu des différentes suites du médaillier du Vatican : on ne sera pas peu surpris de la pauvreté de ce cabinet, tant vanté par tous les voyageurs, lorsque, remontant à l'année 1786, je le mettrai par fois en comparaison avec le Cabinet de France.

### *Médailles de peuples et de villes.*

La suite des médailles de peuples et de villes n'en fournit que trois cent trente, réparties entre soixante-quinze villes. La suite du Cabinet national fournissoit, à l'époque dont je viens de parler, six cent soixante-quatre peuples ou villes, donnant un total de sept mille cent quatre-vingt-seize médailles ; et n'allons pas, dans cette chétive suite de villes, chercher les médailles d'Ancône, d'Æsernia, d'Acerra, d'Acilium, d'Alba, de Baris, de Bytontum, de Capua, de Caulonia, de Copia, de Cosa, de Cumes, d'Héracléa, de Landina, de Larinum, de Luceria, de Murgantia, d'Oxantum, d'Orsantinum, de Pandosia, de Petelia, de Pisaurum, de Ravenna, de Salapia, de

Siris, de Sybaris, de Teate, d'Urina, ni de Phaliscæ; toutes villes d'Italie cependant, et par conséquent plus faciles à trouver dans le pays que par-tout ailleurs. Mais si, passant en Sicile, nous comparons le nombre de leurs médailles, nous verrons Agrigentum, par exemple, donner au Pape six médailles en argent et une de bronze, et à la France dix-huit médailles d'argent et vingt de bronze; Camarina, donner d'une part trois médailles d'argent, et de l'autre treize médailles d'argent et huit de bronze; Catana, donner au premier une médaille d'argent et une de bronze, et nous fournir qnatorze médailles d'argent et vingt-cinq de bronze; Géla, fournir à Rome deux médailles d'argent, et dans notre Cabinet, dix médailles d'argent et neuf de bronze; Leontium, offrir là une médaille d'argent, et payer ici son tribut par trente-deux médailles d'argent et sept de bronze; Mamertium, quatre médailles de bronze, et à nous vingt; Syracuse enfin, deux en or, vingt-huit en argent et dix-neuf en bronze, tandis que nous en possédions, en 1786, douze en or, quatre-vingt-neuf en argent, et cent neuf en bronze.

La

La Grèce ne fournit pas un contingent plus fastueux ; Athènes donne tout simplement six médailles d'argent et une de bronze, tandis qu'après l'insertion Pellerin, elle exposoit sur nos tablettes cent quatre-vingt-dix médailles d'argent et soixante de bronze; Corinthe, deux médailles de bronze, et chez nous trente-huit. Cette ville de l'Achaïe me fait penser aux Achéens, qui fournirent au Pape une médaille d'argent, tandis qu'ils nous en procurèrent, il y a déjà long-tems, quatre-vingt-quinze, et douze en bronze.

Il ne faut sur-tout rien prétendre d'Abdère et de Périnthe, en Thrace ; d'Acanthus et d'Amphipolis, en Macédoine ; de Thessalie et de Larissa ; d'Ambracia et de Damastium, en Epire ; de Thèbes et de Thespie, en Bœotie ; de Lacédémone ; d'Argos ; d'Arcadie ; d'Abydos, en Troade ; d'Amisus, dans le Pont ; de l'île d'Arade ; d'Ephèse, en Ionie ; de Cyrène, en Afrique; de l'île de Cos ; de la Macédoine ; de Milet, en Ionie ; d'Opus, en Locride ; de Pergamus, en Mysie ; de Selgé, en Pisidie ; de Side, en Pamphylie ; de Sicyon, dans le Péloponèse; ni de Chalcis, dans l'île d'Eubée:

attendu que jamais le cabinet du Pape n'en a possédé une seule, et pourtant la plupart de ces lieux fournissent des médailles en grande abondance.

*Médailles de rois.*

La suite des rois anciens est de cent vingt-quatre médailles réparties entre quarante-deux rois. Avant de distribuer, dans le Cabinet national, cette même suite parmi les médailles de peuples et de villes, et à la fin de chacun des états où ils avoient commandé; avant d'y joindre les chefs gaulois et espagnols, on comptoit sur les anciens catalogues deux cent soixante rois, donnant trois mille huit cent quatorze médailles; et pour ne point fatiguer mon lecteur par des détails minutieux, je me contenterai de citer, pour nouvel exemple de médiocrité, les règnes d'Alexandre et de Lysimaque.

On voit dans le médaillier du Vatican, pour le règne d'Alexandre, trois médailles en or, huit en argent, et cinq de bronze.

Dans le Cabinet national, le règne d'Alexandre fournissoit, il y a vingt ans, au moins cinquante médailles d'or, trois cent quarante d'argent, et cent quarante de bronze.

Le cabinet du Vatican nous offre, pour le règne de Lysimaque, deux médailles d'argent; le cabinet de France en offroit, pour le même règne et à la même époque, vingt-deux en or, quatre-vingt-dix en argent, et douze en bronze.

*Médailles consulaires.*

Les médailles consulaires, en argent et en bronze, sont assez nombreuses; mais à l'exception des médailles de la famille Horatia, les seules rares parmi les consulaires, et de celles représentant Lépide posant une couronne sur la tête de Ptolémée Epiphane; la Basilique Æmilienne; Paul Emile triomphant de Persée; l'Arménie suppliante; Diane dans un char traîné par des cerfs, et environnée de chiens; les Parthes rendant les enseignes romaines; les trophées de Marcellus, Jugurtha aux pieds de Sylla; les Comices; l'Espagne venant au-devant de Pompée; les Frères pieux; les Muses et Hercule Musagète; Ulysse de retour dans ses foyers; les Parques; les trois sœurs de Phaéton; Tarpéia écrasée sous les boucliers des Sabins; le temple de Preneste; la Confédération pour la guerre sociale, etc.

les têtes de Romulus, de Numa Pompilius, d'Ancus Martius, et de quelques autres qui se trouvent répétées sur les impériales; elles jouissent auprès des antiquaires de peu de considération, et la quantité ne dédommage pas du peu de qualité. Quant aux médailles consulaires en or, que le médaillier du Vatican possédoit au nombre de cinq, peuvent-elles être mises en comparaison avec les consulaires d'or du Cabinet national, qui y sont au nombre de quarante?

## *Médailles impériales en or.*

Nous allons passer présentement aux médailles impériales en or; elles sont dans le Muséum du Vatican au nombre de deux cent quatre-vingt-six. Dans le Cabinet national de France, on en comptoit, il y a douze ans, plus de deux mille cinq cents.

Quoiqu'en très-petit nombre, il ne faut pourtant pas les priver de toute espèce de mérite. Il y a deux médailles de Jules-César avec sa tête; un Antoine, au revers d'Auguste; une Antonia, ayant pour revers *sacerdos;* une Agrippine la mère, au revers de Caligula; un Caligula, portant au revers Auguste; une Agrippine, au revers de

Claude ; un Othon, avec *pax orbis ;* un Vespasien, avec les têtes de Titus et de Domitien ; un autre restitué ; un Titus avec le quadrige ; une Julia Titi, avec le paon ; un Trajan, avec *aliment ;* le Quadrige ; le Regna Adsignata ; la Basilica Ulpia ; le Forum Trajanum ; Parthia ; Plotine, avec la tête d'Hadrien ; une Marciane, avec *consecratio ;* une Matidie, avec la tête de Plotine ; un Hadrien, portant son adoption ; une Sabine ; un Pertinax ; une Julia Domna ; un Justin, avec ornemens et bélière ; un Tibère Constantin, avec une bélière ; Maurice Tibère, avec ornemens et bélière ; Michel, avec bélière, etc.

Mais vous y chercheriez en vain des médailles de Commode ; il est vrai qu'elles ne sont pas communes : cependant j'en ai toujours compté une quarantaine dans notre médaillier. Vous n'y trouveriez pas non plus la dix-neuvième légion, ni les cohortes prétoriennes de M. Antoine ; M. Antoine le fils, au revers de son père ; la médaille d'Auguste, restituée par Trajan ; Vitellius le père ; l'ara pudicitiæ de Plotine ; Puellæ Faustinianæ de Faustine la mère ( médaille qui a servi de modèle à celle frappée lors de l'établissement de S. Cyr); le disconjugalibus de Crispine; la consécration et le bûcher de Pertinax ; le rector orbis de Didius Julianus ; le Pescennius Niger, ayant au revers CONCORDIA ; le Diaduménien ; la Barbia Orbiana ; l'Hérennius Etruscus ; l'Hostilianus ; l'Æmilianus ; la médaille de Gallien, avec la légende GALLIENAE AVGVSTAE ; celle de Postume, dédiée à l'Hercule de Thrace ; le Marius, avec *concordia militum et sæculi felicitas ;* Tétricus le jeune ; Magnia Urbica ; Julien, compétiteur de Carin ; Delmatius ; Vétranion ; Vérine, etc. toutes médailles que possède le Cabinet depuis plus de cinquante ans. Pour des médaillons d'or, il n'y en avoit qu'un au coin de Gallien, ayant au revers, FIDES MILITVM : il peut avoir trois centimètres de diamètre ; il est, par conséquent, très-loin de pouvoir entrer en comparaison avec celui de Justinien, qui en a huit environ.

Quand on se rappelle qu'un simple particulier (M. d'Ennery) possédoit quarante-quatre médaillons d'or ; quand on voit d'autres particuliers offrir tous les jours à vendre ou à échanger des médaillons d'or au Cabinet des médailles, on ne conçoit pas comment un souverain, après un règne de vingt ans, employés à colliger des objets précieux, et successeur d'autres souverains, tels que Ganganelli, Benoît XIV et autres, distingués par leur esprit, leurs connoissances et leur goût pour tout ce qui a trait aux arts, pouvoit avoir un cabinet de médailles aussi peu considérable et s'en contenter; puisqu'il avoit fait construire les cinquante-deux boîtes ci-devant mentionnées; qu'il les avoit ornées à grands frais, et qu'entre chaque règne il n'avoit laissé que très-peu de place pour les insertions nouvelles. Il croyoit donc posséder tout ce que ce genre de curiosités offre de plus intéressant: il n'avoit donc jamais feuilleté Paruta, Torremuzza, ni aucun autre des auteurs qui ont traité de ces matières.

*Médailles impériales en argent.*

La suite des médailles impériales en argent que possédoit le cabinet du Vatican, étoit de *onze cent deux*. Aux époques ci-devant indiquées, la suite du Cabinet national passoit *quatre mille*. Pour peu qu'on entre dans les détails, on voit sur qui porte cette différence : elle est sensible dans les règnes suivans, dont les médailles sont pourtant faciles à acquérir.

| | *Rome.* | *Paris.* |
|---|---|---|
| Jules-César. . . . . | 5 . . | 36 |
| Marc-Antoine. . . . | 6 . . | 63 |
| Auguste. . . . . . . | 56 . . | 194 |
| Claude . . . . . . . | 6 . . | 26 |
| Néron . . . . . . . | 10 . . | 34 |
| Galba. . . . . . . . | 6 . . | 42 |
| Vitellius. . . . . . . | 7 . . | 32 |
| Vespasien. . . . . . . | 42 . . | 136 |
| Titus. . . . . . . . | 20 . . | 67 |
| Domitien. . . . . . . | 34 . . | 136 |
| Nerva. . . . . . . . | 15 . . | 33 |
| Trajan. . . . . . . . | 72 . . | 159 |
| Hadrien. . . . . . . | 69 . . | 231 |
| Antonin Pie . . . . . | 40 . . | 168 |
| Faustine mère. . . . | 20 . . | 50 |
| Marc-Aurèle. . . . . | 34 . . | 170 |
| Faustine fille. . . . . | 16 . . | 45 |
| Commode. . . . . . . | 22 . . | 159 |
| Septime Sévère . . . | 44 . . | 200 |
| Julia Domna. . . . . | 23 . . | 69 |
| Caracalla. . . . . . . | 60 . . | 195 |
| Géta. . . . . . . . | 25 . . | 66 |
| Macrin. . . . . . . . | 9 . . | 36 |
| Elagabale. . . . . . . | 24 . . | 76 |

| | Rome. | Paris. |
|---|---|---|
| Alexandre Sévère . . | 34 . . | 100 |
| Les Gordiens. . . . | 37 . . | 96 |
| Philippe père. . . . | 28 . . | 66 |
| Otac. Sévère. . . . . | 6 . . | 15 |
| Philippe jeune. . . . | 5 . . | 16 |
| Trajan Dece. . . . | 8 . . | 35 |
| Trébon. Gallus. . . . | 9 . . | 32 |
| Volusien. . . . . . . | 11 . . | 32 |
| Valérien. . . . . . | 20 . . | 81 |
| Gallien. . . . . . . . | 35 . . | 235 |
| Postume. . . . . . . | 12 . . | 61 |
| Claud. Goth. . . . . . | 1 . . | 17 |
| Dioclétien. . . . . . . | 5 . . | 26 |
| Maximien Hercule. . . | 4 . . | 30 |
| Constance Chlore. . . | 2 . . | 18 |
| Constantin I.er . . . | 5 . . | 23 |
| Constantius. . . . . . | 4 . . | 31 |
| Julien II. . . . . . . | 2 . . | 22 |
| Valentinien I.er . . . | 1 . . | 10 |
| Valens. . . . . . . . | 1 . . | 10 |
| Gratien. . . . . . . | 1 . . | 10 |
| Théodose I.er . . . . . | 1 . . | 6 |

Mais indépendamment de cette différence, le médaillier du Vatican offre encore un contraste plus frappant, puisque l'on n'y voit point les médailles de Brutus ; de C. Antonius ; de Julie , fille d'Auguste ; de

Poppée ; de Vitellius le père ; de Marciane ; de Matidie ; de Manlia-Scantilla ; de Didia-Clara ; de Pescennius Niger ; d'Aquilia Sévera ; de Tranquilline ; de Pacatien ; de Lælien ; de Victorin ; de Marius, d'Aurélien ; de Sévérine ; de Vabalathe ; de Tacite ; de Florien ; de Probus ; de Carus ; de Magnia Urbica ; de Carin ; de Numérien ; d'Oriuna ; de Julien Tyran ; d'Hélène ; de Galère Maximien ; de Maxence, de Licinius le père ; de Licinius le fils ; de Fausta ; de Delmatius ; de Magnence ; de Décence ; de Jovien ; de Procope ; de Sébastien ; d'Attale ; de Théodose le jeune ; d'Eudocie ; de Maxime Tyran ; de Majorien ; de Basiliscus, etc. qui, pour être d'une certaine rareté, n'étoient cependant pas au-dessus des moyens de ses anciens possesseurs ; car, sans parler du cabinet de Pellerin, qui le cédoit à peine au Cabinet national en quelques points, et l'emportoit peut-être sur lui à beaucoup d'égards, laissant de côté le cabinet de d'Ennery, le plus riche du monde en médailles d'argent, et le cabinet de Sainte Geneviève, les citoyens Heaumont, Chaupy et Miroudot possédoient la plupart de ces médailles, et elles se trouvent encore aujourd'hui à Paris dans quelques cabinets particuliers.

*Médailles impériales en bronze.*

Les suites du grand, moyen et petit bronze du médaillier du Vatican, donnent au total *quinze cent huit médailles.* Lorsque le médaillier Pellerin entra, en 1776, au Cabinet national, il y apporta, dans la réunion de ces trois grandeurs, *dix-sept mille trois cent dix médailles.*

Enfin, dans un état du Cabinet, fait en juin 1791, et remis au bibliothécaire sous le titre d'état général des médailles antiques qu'il possédoit, il fut estimé que les

| | |
|---|---|
| médailles de villes étoient au nombre de huit mille deux cent neuf. | 8,209. |
| Les médailles de rois, au nombre de trois mille huit cent soixante deux . . . . . . . . . . | 3,862. |
| Les médailles romaines, à celui de trente-quatre mille trois cent vingt-cinq . . . . . . . . . | 34.325. |
| Et les fausses, au nombre de deux cent soixante-quatorze . . | 274. |
| TOTAL, quarante-six mille six cent soixante-dix médailles. | 46,670. |

*Médailles modernes en or du cabinet du Vatican.*

Les médailles modernes en or consistoient,

| | |
|---|---|
| En une suite de Louis XV, au nombre de cent dix, ci . . . . | 110. |
| En deux médailles de Russie . . | 2. |
| En trois médailles de Sardaigne . | 3. |
| En six médailles de Portugal . . | 6. |
| En cent huit médailles d'Autriche. | 108. |
| En trente médailles des électeurs Palatins . . . . . . . . . . . | 30. |
| En quatre-vingt-deux médailles de Papes . . . . . . . . . . . | 82. |
| TOTAL, trois cent quarante-une médailles d'or . . . . . . | 341. |

*Médailles modernes en argent.*

Les médailles modernes en argent consistoient,

| | |
|---|---|
| En six médailles de Portugal. | 6. |
| En quatre cent quatre-vingt-sept médailles de Papes . . . | 487. |
| TOTAL, quatre cent quatre-vingt-treize médailles d'arg. | 493. (1) |

(1) Il faut observer aussi qu'il y avoit dans la plupart de ces suites, tant dans l'antique que dans le

*Médailles modernes en bronze.*

Les médailles modernes en bronze ne concernent que les Papes ; et à l'exception de quelques grands édifices qu'ils ont fait construire ou réparer, elles offrent peu d'intérêt, et sont doubles sans doute de celles qui se trouvent déjà en très-grand nombre au Cabinet national.

Mais avant de passer à un autre article, il est instant de dire deux mots des grands inconvéniens qui doivent résulter de l'usage habituel de ces tablettes de bois, dans lesquelles étoient encastrées d'une manière fixe les médailles du Vatican.

1.° Lorsque l'on tient une médaille, soit pour l'étudier, soit pour la dessiner, on aime à n'avoir sous les yeux que l'objet dont on s'occupe ; il faut pouvoir retourner cette médaille à volonté, et l'approcher de

---

moderne, une telle confusion, un tel renversement de chronologie ; d'une part, amenés par les compétiteurs de Septime Sévère ; d'autre part, dans la suite des Papes, par les schismes et les vacances, que, sans une attention réfléchie, on n'eût jamais pu venir à bout d'obtenir des résultats, qu'encore on ne garantit pas.

soi, selon le degré de sa vue, sans être obligé de porter un poids qui doit bientôt fatiguer, indépendamment de la dorure qui papillotte continuellement les yeux.

2.° Un des grands amusemens de l'antiquaire, est de changer souvent ses médailles de tablettes, et de les mettre alternativement par ordre de consulats, de divinités, de voyages, de légions, de tribunats, etc. Cette différente manière de les classer contribue d'abord à les bien connoître; puis elle entretient le goût, et fait souvent appercevoir des beautés, dont l'ordre fixe et immuable ne fournira jamais les occasions.

3.° Les médailles courent des dangers réels par cette sertissure; car celles d'argent et de bronze antiques, qui la plupart ont séjourné long-tems dans la terre, et ont été en partie dénaturées, sont sujettes à se casser très-facilement, si l'on veut les changer de place, sur-tout lorsque les tenons qui les assujettissent sont d'un cuivre aussi aigre que celui que l'on a employé pour les tablettes du Vatican.

4.° Enfin, si l'or est moins susceptible d'atteinte, il en résulte toujours des écorchures, la perte de quelque lettre; en un mot, un dommage que l'on ne sauroit trop éviter.

*Monnoies de Sardaigne.*

On plaça dans les premiers jours de l'an 8, sur les tablettes du médaillier affecté au moderne, dix-huit pièces des monnoies de Sardaigne, payées trois cents francs, et consistant en cinq pièces d'or, six d'argent, trois de potin, et quatre de cuivre.

*Echanges divers.*

Vers le même tems, on acquit les médailles suivantes : 1.° trois spintriennes; savoir, le n.° VII, dans une couronne de laurier, ayant au revers un Amour debout, tenant un flambeau; le n.° XI, avec un Priape debout; le n.° XIIII, dans une couronne de laurier, offrant au revers un homme sur un lit, avec une femme : 2.° vingt-neuf médailles bractéates, en argent, pour lesquelles on donna les médailles d'or suivantes tirées des doubles de Pellerin; savoir, un Titus avec cette légende, T. CAESAR. IMP. VESPASIANVS, et la tête laurée de cet empereur, portant au revers une femme debout devant un autel, et pour légende, AETERNITAS ; un Domitien avec sa tête, et cette légende, CAESAR. AVG. F., offrant au revers Romulus et Remus allaités par la louve, avec la légende COS. VI ; un Trajan, avec sa tête couronnée de laurier, et cette légende, IMP. CAES. NERVA TRAJAN. AVG. GERM. pour revers la Fortune, et P. M. TR. P. COS. II. P. P. ; un Théodose I.er, offrant d'un côté sa tête, avec cette légende, D. N. THEODOSIVS P. F. AVG., et de l'autre, Théodose et Arcadius son aîné, assis et soutenant un globe, au-dessus duquel est une Victoire, avec cette légende, VICTORIA AVGG. au bas, TROBC.

On échangea, dans le courant de brumaire, les trois médailles d'or qui suivent, également tirées des doubles de Pellerin ; savoir : 1.° un Claude, portant d'un côté sa tête, avec cette légende, TI. CLAVDIVS.... AVG. P. M. TR. P. XI. IMP. P. P. COS. VI. ; et de l'autre, une Victoire debout, tenant un caducée ; à ses pieds un serpent, avec cette légende, PACI AVGVSTAE : 2.° un Néron, offrant d'un côté sa tête couronnée de laurier, avec cette lég., NERO CAESAR AVGVSTVS, et de l'autre Rome assise ; légende, ROMA :

3.° un

3.° un Titus, avec sa tête laurée d'un côté, et T. CÆSAR IMP. VESPASIANVS; revers, un bœuf marchant, et COS. V, pour un Justin en argent, décrit dans le Cat. de d'Ennery, n.° 1122; un Constantin II, n.° 1125; un Michel II, Basile et Théophile, n.° 1128; un Basile, n.° 1129; un Romain Lecapène, n.° 1131, et d'autres objets qu'il n'est pas nécessaire de mentionner.

On acquit en frimaire une médaille d'argent au coin de Matidie, nièce de Trajan, portant au revers un aigle différemment tourné que celui de la médaille du Cabinet.

Quelque tems après, il s'enrichit de la médaille d'or de Vitellius le père. Cette acquisition se fit par voie d'échange, selon l'usage.

*Petite maison de Pluton.*

Le C.en Ridel m'ayant demandé, un des jours de germinal, à quoi pouvoient avoir servi de petits temples de marbre exposés en grand nombre dans les embrâsures des fenêtres et sous le bureau du Cabinet; je lui répondis, que M. l'abbé Barthelemy ayant traité de cette matière dans son Mémoire sur les monumens de Rome, ou compte rendu de son voyage en 1755 à Rome, et dans une partie de l'Italie, et qui se trouve page 579 et suiv. du tom. 28 de l'Académie des belles-lettres. Il m'étoit aisé de dire que l'on plaçoit les tombeaux sur les chemins publics qui aboutissoient à cette ville; que ceux des principales familles bordoient les voies Appienne et Flaminienne, qui faisoient la plus grande communication de Rome avec les provinces; que la première conduisoit au midi et à l'orient, et la seconde au nord et à l'occident. J'ajoutai que les cendres étoient renfermées dans des urnes qui furent successivement de terre cuite, de pierre, de marbre, de verre, de porphyre, et d'une matière plus précieuse encore; que l'on en voyoit un nombre infini dans la maison de campagne du cardinal Passioney à Frescaty, dans toutes celles qui sont autour de Rome, ainsi que dans les cabinets particuliers; que les unes étoient rondes, et paroissoient faites d'après les mausolées de Cecilia Metella, ceux de la famille Plautia, de Plancus, etc.; que les autres étoient carrées, et ressembloient à des maisons; que l'on y distinguoit le toît avec ses divisions, et la porte, tantôt fermée, tantôt à demi ouverte, et quelquefois gardée par le génie de la mort ; que c'étoit pour cette raison que dans les poètes, ainsi que dans les inscriptions, les tombeaux étoient appelés des maisons éternelles, et que c'étoit peut-être la véritable explication de ce passage d'Horace :

*Jam te premet nox, fabulæque manes*
*Et domus exilis Plutonia. . . . . . .*

Lib. 1, od. IV.

### *Médaille de Bonaparte.*

Des étrangers examinant en floréal les médailles d'or et d'argent frappées pour la bataille de Millesimo, celle de Castiglione, le combat de Dego, etc. s'arrêtèrent particulièrement à celle gravée par Duvivier en l'honneur de Bonaparte, et sur un côté de laquelle on voit le buste du général en chef de l'armée française en Italie ; le représentant, de l'autre côté, à cheval, et environné des sciences et des arts reconnoissans. M'ayant demandé si je pouvois leur donner quelques renseignemens sur les qualités du métal adopté pour cette médaille, je leur fis les réponses suivantes :

Le platine provient de l'Amérique Méridionale, dans la province de Quito ( possessions espagnoles. )

Sa valeur mercantile n'est pas encore entièrement établie ; cependant le Gouvernement français le paie sur le pied de vingt-cinq francs l'once quand il est mis en œuvre.

C'est un métal inattaquable, de même que l'or, par les acides simples ; mais il l'emporte sur lui, en ce qu'il n'est fusible par aucun feu ordinaire, et que l'on est obligé, pour y parvenir, d'employer l'oxigène ou le miroir ardent.

Il admet la présence de tous les autres métaux, mais il cesse d'être malléable partout où il a éprouvé l'amalgame.

Lorsqu'on veut l'employer pour frapper une pièce, on a soin de ménager sur le flanc des protubérences aux endroits qui garderont plus de relief, attendu que ses pores ne se resserrent pas aisément ; et l'on n'a obtenu la médaille de Bonaparte, tirée sur les poinçons de Duvivier, et portant cinq centimètres et demi de diamètre, qu'après deux mille coups de balancier, encore falloit il recuire le flanc de douze en douze coups. Le mouvement du balancier, agité par dix-sept hommes robustes, ne lui conservant au-delà qu'une chaleur superficielle, et incapable d'entretenir sa malléabilité : à la monnoie, on obtient toute pièce quelconque d'un seul coup. Les médailles d'or, de grandeur ordinaire, n'en exigent pas au-delà de cent. *Voyez*, pour plus de renseignemens, Buffon, Morveau, Fourcroi, Jeanetti, etc.

*Plateaux d'argent.*

Le 3 prairial, un citoyen m'ayant demandé, vers les deux heures, des renseignemens sur les plateaux d'argent, faussement dénommés, l'un bouclier de Scipion, et l'autre celui d'Annibal, je mis sous ses yeux une dissertation sur les boucliers votifs, par l'abbé Massieu, et qui se trouve page 182 du tom. 1 des Mém. de l'Acad. des belles-lettres ; de même que le passage d'une autre Dissertation faite par M. de Boze, et insérée dans le tom. 9 des Histoires, pag. 154 : mais je crus devoir lui observer que ce qu'on avoit dit jusqu'alors représenter la continence de Scipion l'africain, avoit excité parmi les savans quelques débats, et fourni matière à des recherches plus profondes ; que sur-tout Winckelmann, dans la Préface de ses *monumenti inediti*, dans son Histoire de l'art, et plus particulièrement dans son Essai sur l'allégorie, avoit démontré que la prétendue antiquité de ce bouclier étoit détruite par les ceintres posés sur les colonnes, qui ne commencèrent à être en usage que lors de la décadènce de l'architecture, et que le costume du principal personnage et d'une autre figure, qui, comme les héros, sont entièrement ou du moins presque nus, contredisoient également cette explication. Ajoutant : « quant à moi, je pense qu'il » s'agit plutôt de la réconciliation d'Achille » avec Agamemnon, qui lui rend Briséis. » Le héros nu, assis, qui de ses deux mains » embrasse son genou droit, paroît être » Diomède ou Ulysse, car l'un et l'autre » étoient alors boîteux encore de leurs » blessures (1). La réconciliation se fit après » que Thétis eut remis à Achille les armes » fabriquées par Vulcain : ces armes se » trouvent avec d'autres aux pieds de ce » héros ».

La haute réputation des savans que je

(1) Iliad. liv. IX, v. 48.

viens de citer, m'engage à mettre en tête de mon livre une gravure de ce monument. C'est un foible gage de ma reconnoissance pour les secours dont ils m'ont été dans mes études, et le plaisir que j'ai goûté en les lisant.



*FIN.*

# TABLE DES MATIÈRES.

A

## C

## G



## H

## I



## J



## L

*Médailles*

## U



## X



Fin de la Table.

## ERRATA

Page 9, ligne 24, *Posthume*, lisez *Postume*.
23, 20, ajoutez *pesant deux mines*.
43, 9, *revenant*; lisez *provenant*.
45, 12, *une médaille*; lisez *un médaillon*.
48, 12, *deux épées*; lisez *deux épis*.
51, 20, *en or*; lisez *encore*.
55, 6, *sur une d'elles*; lisez *sur chacun d'eux*.
57, 7, *Maximien*; lisez *Maximin*.
64, 19, *et une couronne*; lisez *ou une couronne*.
66, 26, *qui l'habitent*; lisez *qui les habitent*.
69, 5, *trente-sept*; lisez *trente-trois*.
72, 7, *de Rome*; lisez *d'Alexandrie*.
76, 22, *donné naissance*; lisez *donné la naissance*.
84, 9, *Macrin*; lisez *Mamée*.
93, 25, effacez *c'est la basilique Æmilienne*.
112, 7, *un Sabin*, lisez *un Salien*.
132, 11, *les médailles*; lisez *des médailles*.
138, 24, *Æcoléia*; lisez *Accoleia*.
140, 15, *Maximien*, lisez *Maximin*.
157, 9, *achetés*; lisez *achetée*.
196, 26, effacez *et de la pudeur*.

www.ingramcontent.com/pod-product-compliance
Ingram Content Group UK Ltd.
Pitfield, Milton Keynes, MK11 3LW, UK
UKHW012023240726
13965UKWH00002B/547